商标侵权混淆可能性标准研究

李 享◎著

中国纺织出版社有限公司

内 容 提 要

本书在对国内外大量立法、司法实践研究的基础上,将消费者行为学作为理论工具,用于突破"混淆可能性"研究的困境。本书在撰写过程中,引入了较为丰富的资料,对混淆可能性理论的发展史,以及中外商标侵权制度和司法实践情况进行了详细介绍。结合消费者行为学的理论成果,对混淆可能性久存的"顽疾"以全新视角进行了分析。在形成独立学术观点的基础上,为《商标法》及相关司法解释的修订提出了具体建议。作者希望研究人员和立法工作者能够从本书的研究结论中获得启示。本书的目标读者为大学本科生、研究生及法律实务工作者。

图书在版编目(CIP)数据

商标侵权混淆可能性标准研究 / 李享著. -- 北京：中国纺织出版社有限公司, 2024. 8. -- ISBN 978-7-5229-1900-3

Ⅰ. D923.434

中国国家版本馆 CIP 数据核字第 202463G7B7 号

责任编辑：朱利锋　　责任校对：高　涵　　责任印制：王艳丽

中国纺织出版社有限公司出版发行
地址：北京市朝阳区百子湾东里A407号楼　邮政编码：100124
销售电话：010—67004422　传真：010—87155801
http://www.c-textilep.com
中国纺织出版社天猫旗舰店
官方微博 http://weibo.com/2119887771
天津千鹤文化传播有限公司印刷　各地新华书店经销
2024年8月第1版第1次印刷
开本：710×1000　1/16　印张：10.25
字数：165千字　定价：72.00元

凡购本书,如有缺页、倒页、脱页,由本社图书营销中心调换

前　言

《知识产权强国建设纲要（2021—2035）》的颁布标志着我国开始从具有世界影响力的知识产权大国向知识产权强国转变。在尊重既有国际通行规则的基础上，主动参与新一轮国际规则的塑造，构建能够体现我国利益发展诉求的知识产权保护制度势在必行，知识产权事业正在迎来"春天"。

随着新技术的迅猛发展，商标法领域逐渐衍生出诸多科技法治前沿问题，激发学界极大的研究热情，但对商标法基本理论的深耕，仍不容忽视，商标法基本理论之深奥并不亚于其他任何法律。作者在阅读商标法研究成果和判例的过程中逐渐发现，看似简单、本不应存在争议的案件，不同的法官却做出大相径庭的判决。而对同一个法律条款，同样会产生多种不同的解读。这些情形使作者得以更加深刻地感受到商标法基础理论的深邃与博大精深。本着进一步理解和诠释商标法基础理论的初衷，作者试以自身浅薄的学识努力触碰产生实践困境的根源，仅就"混淆可能性"这一基础理论作为本书的研究对象。

本书存在以下特色：第一，研究问题的广泛性。本书涵盖混淆可能性绝大部分难点、重点问题，并提出了切实可行的解决思路。第二，研究方法的交叉性。本书利用交叉学科的研究方法，将消费者行为学的理论成果作为解决混淆可能性理论难点的学理支撑。第三，研究内容的创新性。本书以阐释商标法基本原理为目的，并基于对主流学说的阐释进一步鲜明地呈现个人观点。

本书由天津工业大学法学院教师李享独立撰写完成。该研究成果凝结了作者多年理论学习、课堂教学及从事商标法律实务工作的心血。本书的写作与出版，得到了众多前辈、朋友和同事的帮助。感谢重庆大学法学院齐爱民教授对本书写作的指导。作为作者的博士生导师，齐教授引领作者进入学术殿堂的大门，给予许多研究指导与支持。感谢家人对作者教研工作的支持，感谢您们的关心和爱护。感谢各位同窗好友的陪伴。感谢天津工业大学法学院领导和老师们的关怀和照顾。本书得以顺利出版，得益于中国纺织出版社有限公司编辑对书稿的精心编辑和加工。值此作品问世之际，对以上各位师长、同窗、同仁一并表示感谢。

  由于作者水平和实践经验有限，本书难免存在不妥之处，敬请专家、读者批评指正。

李享

2024 年 4 月

目 录

1 绪论 … 1
　1.1 研究背景及研究意义 … 1
　1.2 主要研究方法 … 5
　　1.2.1 交叉学科研究方法 … 5
　　1.2.2 消费者行为学研究方法 … 9
　1.3 国内外研究现状 … 11
　　1.3.1 国外研究现状 … 11
　　1.3.2 国内研究现状 … 15
　1.4 研究创新点 … 19
2 商标混淆可能性的消费者行为学探析 … 21
　2.1 商标形成的消费者行为学基础及分析 … 21
　　2.1.1 商标形成的消费者行为学理论基础 … 21
　　2.1.2 商标形成的消费者行为学分析 … 26
　2.2 商标功能及其消费者行为学分析 … 28
　　2.2.1 传统法学理论对商标功能的诠释 … 28
　　2.2.2 商标功能的消费者行为学分析 … 31
　2.3 混淆可能性作为商标侵权的判断标准 … 33
3 混淆可能性理论发展的历史进程 … 35
　3.1 混淆可能性理论的起源——欺诈原则的适用 … 35
　　3.1.1 欺诈原则的严格适用 … 36
　　3.1.2 判例对欺诈原则的捍卫 … 38
　　3.1.3 欺诈原则适用的扩张 … 40
　3.2 混淆可能性理论的发展——经由判例被确认 … 42

         3.2.1 英国《商标法》上混淆可能性的确立 ······················ 42
         3.2.2 美国《商标法》上混淆可能性的确立 ······················ 44
   3.3 混淆可能性理论的扩张 ·· 49
         3.3.1 初始兴趣混淆的兴起与批判 ································· 49
         3.3.2 售后混淆的兴起与批判 ·· 53
         3.3.3 反向混淆的兴起与批判 ·· 56

4 混淆可能性的含义与类型 ·· 60
   4.1 混淆的内涵 ··· 60
   4.2 混淆可能性的含义 ··· 65
         4.2.1 混淆可能性的立法含义 ·· 65
         4.2.2 混淆可能性的司法含义 ·· 66
         4.2.3 混淆可能性的学理含义 ·· 68
         4.2.4 从商标功能角度诠释混淆可能性的含义 ··················· 71
   4.3 消费者行为学视野下混淆可能性的类型 ··························· 72
         4.3.1 初始兴趣混淆的适用 ·· 72
         4.3.2 售后混淆的适用 ·· 74
         4.3.3 反向混淆的适用 ·· 75

5 我国《商标法》中混淆可能性的司法判定标准 ······················· 78
   5.1 混淆可能性司法判定标准立法案例 ································· 79
         5.1.1 混淆可能性吸收相似性标准 ·································· 79
         5.1.2 以相似性为基础混淆可能性作为限定标准 ··············· 84
         5.1.3 混淆可能性内化于相似性标准 ······························· 90
   5.2 客观混淆可能性限定标准 ··· 91
         5.2.1 我国混淆可能性标准的法律适用 ···························· 91
         5.2.2 混淆可能性标准下"相似性"判断的客观化和独立化 ··· 94
   5.3 客观混淆可能性限定标准下"相似性"的判断 ················· 98
         5.3.1 商标近似性的含义及判断原则 ······························· 99
         5.3.2 商标近似的判断因素 ·· 104
         5.3.3 商品类似性的含义及判断原则 ······························· 113
         5.3.4 商品类似的判断因素 ·· 117

6 混淆可能性之"其他"因素 …………………………………… 122
6.1 客观混淆可能性限定标准下"相关公众"的判断 ………… 122
6.1.1 "相关公众"的范围 …………………………………… 123
6.1.2 "相关公众"注意水平影响因素的消费者行为学分析 … 125
6.2 商标性使用与混淆可能性 …………………………………… 129
6.2.1 商标性使用的含义和具体判断 ………………………… 129
6.2.2 商标性使用是混淆可能性适用的前提条件 …………… 133
6.3 商标的显著性、知名度与混淆可能性 ……………………… 135
6.3.1 商标显著性、知名度的消费者行为学分析 …………… 136
6.3.2 商标显著性、知名度的具体判断 ……………………… 137
6.4 实际混淆与混淆可能性 ……………………………………… 141
6.4.1 实际混淆的含义和地位 ………………………………… 141
6.4.2 实际混淆在混淆可能性判断中的具体应用 …………… 142

7 商标侵权混淆可能性标准的立法完善 …………………………… 146
7.1 确立混淆可能性中"相似性"判断的客观性和独立性标准 … 146
7.2 明确混淆可能性的含义和范围 ……………………………… 148
7.3 扩充混淆可能性的类型和适用条件 ………………………… 149
7.4 客观相似性和混淆可能性的具体判断 ……………………… 151

结语 …………………………………………………………………… 155

1 绪论

1.1 研究背景及研究意义

随着商品经济的发展，商标作为能够将不同经营者所提供的商品❶区别开来、具有显著性的标记，扮演着越发重要的角色。从经济学角度出发，商标作为传递商品信息的符号，可以将商品信息不受歪曲地从生产者传递给消费者❷，从而消除经营者与消费者之间信息的不对称，对消费者做出购买决策和维护市场秩序具有重要意义。商标作为承载商品信息的符号，可以提升消费者购买商品的效率，权利人也可以通过对商标价值的培育获得远超商品价值的附加经济利益。但是，由于对商标标志实施复制、模仿的行为极易实施且成本低廉，导致侵权人在高额经济利益的驱使下，屡屡实施侵权行为。侵权人通过在其提供的商品上使用与权利人相同或者近似的商标，造成消费者对商品来源的混淆，从而盗取商标权利人的经济利益和市场份额，造成对权利人商标权的侵犯。出于打击商标侵权行为、维护市场秩序和商标权人之目的，我国商标立法不断对商标侵权条款进行调整，以适应不同时期打击商标侵权行为的需要。

截至目前，我国商标法已经过四次修订。对于商标侵权判断标准也发生了重大变化。经过四次修订的现行商标法，体现了立法者和学者对于商标侵权理论认知的加深。1982年《商标法》是我国颁布的工业产权领域的第一部专门法，该法第38条规定，未经注册商标所有人的许可，在同一种商品或者类似商品上使用与其注册商标相同或者近似的商标的，构

---

❶ 为行文方便，本书所称"商品"包括经营者提供的实物商品也包括经营者提供的服务。将"商品或者服务类似"简写成"商品类似"，将"商品或者服务类别"简写成"商品类别"。

❷ "消费者"作为混淆可能性判断的主体，其范围涵盖了商品购买者，也包含了商品的潜在购买者及与商品或者服务密切相关的经营者。在我国，包括商标法在内的规范性文件中，对于混淆可能性主体采"相关公众"，为避免歧义和行文上逻辑的统一，本书中"消费者"与"相关公众"可做同意替换。

成商标侵权。由此，1982年《商标法》将"商标相同或者近似"+"商品相同或者类似"标准即"相似性"❶标准确立为我国商标侵权的判断标准。1993年修订的《商标法》是中国改革开放后工业产权领域出现的第一部工业产权专门法，该法第38条规定，未经注册商标所有人的许可，在同一种商品或者类似商品上使用与其注册商标相同或者近似的商标的，构成商标侵权。该法仍以"相似性"标准作为判断商标侵权的标准。可见"相似性"标准，对于我国商标侵权的判定的影响可谓深远。直至今日，司法实践中仍然可以清晰看到"相似性"标准被广泛适用。2001年修订的《商标法》较之前两次修订，对于商标侵权的判定在条文表述上仍采"相似性"标准，但在该法实施过程中出台的司法解释及其他规范性文件中出现了"混淆"的概念，这与我国不断深化的市场经济以及加入WTO具有重大关联。

为了适应《与贸易有关的知识产权协定》（以下简称《TRIPS》）提出的更高保护要求，我国法律研究学者立足本国国情和民族利益对国内立法进行调整，将《TRIPS》第十六条所涉的"混淆可能性"标准引入国内立法中。例如，《最高人民法院关于审理商标民事纠纷案件适用法律若干问题的解释》（以下简称《商标民事纠纷解释》）第九条规定："商标近似，是指被控侵权的商标与原告的注册商标相比较，其文字的字形、读音、含义或者图形的构图及颜色，或者其各要素组合后的整体结构相似，或者其立体形状、颜色组合近似，易使相关公众对商品的来源产生误认或者认为其来源与原告注册商标的商品有特定的联系。"《商标民事纠纷解释》第十一条规定："类似商品是指在功能、用途、生产部门、销售渠道、消费对象等方面相同，或者相关公众一般认为其存在特定联系、容易造成混淆的商品等。"这些规定在客观上使我国商标侵权的判断标准由相似性标准向混淆性标准转化。

在该标准的影响下产生了一系列代表性案例，例如"红河案""诸葛酿案""伟哥案"等，均体现了我国司法实践将混淆可能性作为商标侵权标准的趋势。但是作为处于较高法律位阶的《商标法》，在条文表述上仍将"相似性"作为判断商标侵权的标准，造成了法律与司法解释的不统一，也引发了司法实践中适用标准的不统一。

---

❶ 本书中所述"相似性"如无特别说明，包括商标近似和商品（服务）类似。

为了避免该问题的出现，2013年《商标法》将"混淆可能性"标准以立法的形式加以确定。例如，《商标法》第五十七条（二）规定，未经商标注册人的许可，在同一种商品上使用与其注册商标近似的商标，或者在类似商品上使用与其注册商标相同或者近似的商标，容易导致混淆的构成侵权。《商标法》第四十二条规定，对容易导致混淆或者有其他不良影响的转让，商标局不予核准，书面通知申请人并说明理由。

尽管《商标法》已将"混淆可能性"确立为判断商标侵权的标准，但是在理论研究和司法实践中存在的争议颇多。主要表现在以下几个方面：

第一，混淆可能性的理论基础不明。纵观历史，对于商标权的保护应上溯于19世纪初，英、美等国以欺诈作为商标侵权的判断标准，法院在认定某一行为是否构成侵权时，主要关注侵权人的"主观故意""侵害性"和"虚假陈述"三个方面内容。至19世纪中叶，英、美等国法律对商标权的保护重心由保护权利人逐渐向保护消费者过渡，加之对商标财产属性的不断确认，混淆可能性逐步取代欺诈成为商标侵权的判断标准。可见，混淆可能性已经经历了近300年的演化历史，其底蕴可谓深重。但是，混淆可能性并未成为全球通行的商标侵权判断标准。如上文所述，在2013年《商标法》修订前，我国就长期将相似性标准作为商标侵权的判断标准，该标准对我国商标法律秩序的维护也发挥了较大作用。又如日本，截至目前，仍以相似性作为商标侵权判断的标准。那么，混淆可能性作为一项源于英、美的商标理论，我国商标法是否有必要将其作为商标侵权判断的标准？如果将其作为判断标准，应当依据何种理论加以证明？截至目前，已有学者尝试从符号学、经济学、信息学、认知心理学等交叉学科的基础理论出发，与商标法一般原理结合，试图为混淆可能性奠定理论基础，在取得一定成就的同时，也存在一定局限性，商标法将混淆可能性作为商标侵权判定标准的理论基础仍然不明。

第二，混淆可能性的范围不清。关于混淆可能性的含义，在不同的论述中均有提及。孔祥俊教授较为全面地将混淆可能性界定为："经营者对任一商标的使用可能使相关公众将不同经营者的商品或服务误认为同一个经营者或虽然能区分商品或服务源于不同经营者，但却可能误认为这些经营者之间存在隶属、赞助、联营、许可或其他经济关联。"该定义将来源混淆与关联关系混淆均纳入混淆可能性的范围之内，与国际主要国家立法相一致。但是，该定义并不能解决混淆可能性范围不断扩张带来的问题。

混淆可能性范围的扩张并非新生问题，早在20世纪60年代，随着商标法对混淆主体的扩张，混淆可能性也呈现出不同类型，初始兴趣混淆、售后混淆等混淆形态已经进入人们的视野。新的混淆形态随着人们生活方式的改变逐步被人们重视。例如，互联网的发展带来了对初始兴趣混淆的讨论，对于消费者心理的研究进一步引发了人们对售后混淆的关注等。上述含义无法对混淆应当包括哪些具体类型、混淆主体的范围做出回应。

第三，混淆可能性具体适用方法不确定。如前文所述，我国2013年修订的《商标法》已将混淆可能性作为商标侵权的判定标准。但是由于长期受到相似性标准的影响，司法实践中常常仅对相似性进行审查，完全不考虑"混淆可能性"的现象时常出现。或是在一些案件中，虽然法官将混淆可能性作为商标侵权的判断依据，但缺乏对是否使相关公众产生混淆可能性的论证，往往是法官在通过观察商标标志后在其内心已经得出侵权与否的确认后，再反推混淆可能性，最终使混淆可能性的判断流于形式。倘若对于商标侵权的判断均是在预先设定判决结果的前提下，通过找寻各种理由自圆其说，必然会导致商标法的权威性和判决的稳定性受到挑战，法律的预测作用也必然难以得到发挥。混淆可能性适用的不确定性还表现在，商标法并未对判断混淆可能性是否成立的相关因素，包括商标近似、商品类似、商标的显著性、相关公众的范围和注意程度、真实混淆证据、商标性使用等，如何具体适用做出规定。特别是在"混淆可能性"与"相似性"的关系问题上，理论和司法实践中均存在认识上的偏差。例如，"相似性"判定到底是混淆可能性判断的内部因素，还是对于相似性的判断应独立于混淆可能性的判断；对于"相似性"判断是客观物理形态的判断，还是说"相似性"包含了混淆可能性的相似等，对这些问题的理解并未达成一致意见。导致这些问题的原因是传统"相似性"标准在司法实践中的根深蒂固。虽然混淆可能性在2013年《商标法》修订时就以立法的形式予以确认，但是由于缺乏对混淆可能性理论的认知，以及对国内外司法判例的研究，司法解释等相关规范性文件没有及时地对混淆可能性标准引入后带来的变化做出相应的调整，使法律与其他规范性文件产生冲突。

商标侵权作为商标权保护的核心问题，是司法机关定纷止争、行政机关进行行政执法的重要内容。司法和行政机关在打击商标侵权行为过程中需要有具体的商标侵权指引，从而加强司法和行政执法活动的可操作性与法律法规适用上的统一性。经第四次修订后的2019年《商标法》，继续将混淆可能性作为商标侵权的判断标准,但是,对于混淆可能性标准的规定均是原则性的,并且规范性文件之间缺乏适用上的统一性。混淆可能性标准在我国作为经立法确认的商标侵权判断标准仍然存在理论基础不明、范围不清、适用方法不确定的问题。如果不能对上述问题做出及时有效的回应,势必带来法官的肆意裁判的风险,使公众丧失对公正裁判的信心。

有鉴于此,本书试图通过对混淆可能性的理论探究,达到以下目的。在理论层面上,对混淆可能性的理论基础进行澄清,对其含义和范围予以界定,并提出具体的适用方法,从而使混淆可能性在应对未来迅速变化的商标侵权形态时更加从容;在司法实践层面上,通过对商标侵权的混淆可能性进行研究,结合国内外典型司法判例,为我国商标侵权的具体判断提出建议。

1.2 主要研究方法

随着我国对知识产权保护重视程度的不断加深,对于商标法的研究也取得了长足进步。学者对于商标法的研究方法表现为两种形式,一种是传统法学研究方法,即比较研究、历史研究、案例分析等;另一种是通过交叉学科研究方法,利用其他学科业已成熟的理论知识为商标法理论的完善提供思路。而交叉学科研究方法受到诸多学者的青睐。正如姚鹤徽教授所言:"商标法交叉学科研究方法之所以被学者所采用的,根源在于商标所具备的多元属性。"截至目前,已有学者运用经济学、符号学、通信学、法哲学、认知心理学等交叉学科的基础理论知识,与传统商标法理论知识相结合,研究商标法的基本问题。本书正是受上述学者研究方法的启发,将商标法传统研究方法作为基础的同时,结合普通心理学和消费者行为学的理论知识,以消费者决策行为产生的心理状态为逻辑起点,对混淆可能性问题展开研究。

1.2.1 交叉学科研究方法

经济学的相关理论知识在法学交叉学科研究中最为常见,这是因为法学制度的构建与经济发展存在密切联系。经济学对于商标法研究也有较强的介入深度。经济学以追求市场的最佳效率为首要价值目标,在信息畅通的前提下,市场通过参与者的自由竞争就可以实现社会资源的优化配置。但信息的不对称往往是市场交易的常态,经营者通常是利用与消费者之间信息的不对称获得经济利益。这里的信息不对称通常表现为,消费者对商品信息的知晓与经营者所掌握商品信息的不对称。信息的不对称会导致混同均衡的结果。混同均衡在经济学上的另一个称谓是"劣币驱逐良币"。由于信息的不对称，导致优质商品在市场上被驱逐，而把差的商品留住，混同均衡在经济学上认为是没有效率的。相反，在信息完全对称的情况下，人们会形成分离均衡的结果，经济学认为能够达到分离均衡是有效率的❶。

商标能够帮助消费者识别商品的全部信息，商标能够将商品的外观、色彩、商品质量、企业信誉等信息传递给消费者。因此，商标的本质是一种信息，这种信息以人可以感知的符号形态存在❷。商标传递信息的方式不是单一、分离的，而是将能够代表商品整体特征的信息一次性地传递给消费者。消费者可以通过商标一次性获得对商品的整体认知，消除信息的不对称，使市场处于分离均衡的状态，保证市场效率。正如兰德斯所指出的："商标对效率的促进主要体现在两个方面：降低消费者的搜索成本和激励企业维持或提高商品质量。"

除经济学外，有学者从信息学角度对商标进行诠释，认为消费者与生产者之间存在一个高级的通信系统。生产者代表信源，消费者代表信宿。生产者通过网络、实体广告、产品推介等多种渠道向消费者介绍自己的商品，则为信息通过信道进行传递的过程。生产者将商品信息进行编码后通过信道传递给消费者，消费者则要对生产者的编码进行破译继而获得准确的商品信息。生产者与消费者实现编码和译码的工具即为商标。信息学揭示了商标传递商品信息的功能，有助于理解混淆可能性在商标侵权判断中的基础作用。

还有学者以符号学理论为基础对商标的本质、功能、显著性、商标侵权等问题进行分析。根据索绪尔的看法，符号由所指和能指构成，所指对应商标标志本身，能指所对应的则是商标标志所蕴含的商品信息。符号作为由能指和所指紧密结合而成的结构，通过能够被感知的能指向人们传递不能被感知的所指来传递观念。因此，基于符号的商标学分析，为解释商标结构、揭示商标含义与商标侵权的意义提供了依据。

除此之外，从认知心理学角度进行商标法的符号学分析，为商标法的

---

❶ 王则珂. 信息经济学的奠基人 [J]. 读书，2002，1: 18—23.
❷ 刘春田. 商标与商标权辨析 [J]. 知识产权，1998，1: 10.

研究打开了新局面。心理学能够被运用于商标法问题的研究的原因在于，商标是建立在消费者心理认知的基础上的财产，商标的显著性、混淆和淡化等基本范畴都是对消费者特定认知状态的抽象概括，均表现为某种心理联想❶。早有西方学者提出："商标问题主要是心理的，引入心理学术语和研究方法对于商标法学研究大有裨益。"认知心理学将消费者的认知状态作为研究的重点，符合商标法存在的客观规律，能够提高商标案件司法审判的科学性和可预测性。

经济学、信息学、符号学及认知心理学对商标法基本问题做出更高水平回应的同时也存在不足之处。

首先，将经济学、信息学作为商标法研究的基础，缺乏对商标微观世界的探明。经济学、信息学认为，商标的本质是传递商品信息的工具，商标通过消除市场信息的不对称，减少消费者的搜索成本以达到促进市场效率的作用。但是经济学分析不能解释、预测或正当化商标法中的特定结果，也不能清楚地解释改革的必要❷。仅仅将商标认定为提高市场效率时，难以回答混淆的本质和危害、混淆可能性的范围，即应对诸多混淆形态中哪些混淆形态进行规制，以及将混淆可能性作为商标侵权标准的合理性等问题予以有效的回应。

其次，基于符号学，可以对商标的结构进行较为具体的分析，但也存在局限性。该学说侧重于对商标本身的观察，缺乏对混淆可能性构成要素的分析，无法为混淆可能性成为商标侵权判断标准的合理性提供支持。从符号学角度来看，商标形成，在商标使用者看来，是商标标志与商标标志所代表的商品信息二者已经结合在一起，成为商标标志与商标标志所代表有关商品信息的统一体。上述结论以符号学为基础，从商标结构角度说明了商标形成是商标构成两大要素共同结合的原因所导致的。但是，缺乏商标形成过程中对消费者心理状态的说明，消费者在商标形成过程中的心理状态对于商标影响几何，难以通过符号学获得回应。基于符号学对能指和所指及其关系的研究，具体运用于商标法即是对商标标志与商标标志所承载的商品信息的关系的研究。这就导致符号学视野下将商标侵权看成是对商标标志与商标标志所使用的商品之间的关系的干涉，离开了商标标志和

---

❶ 彭学龙. 商标法基本范畴的符号学分析 [J]. 法学研究, 2007, 1: 17-31.
❷ Barton Beebe. The Semiotic Analysis of Trademark Law [J]. 51 UCLA. Rev. 2004: 621.

商品均谈不上商标侵权❶。司法实践中，商标标志近似和商品类似虽然在混淆可能性的判定中处于重要地位，但传统商标理论坚持认为，混淆可能性的判定因素向来是一个开放式清单，并且各个因素所处的地位是平等的。在对于其他因素的考量上，符号学分析的局限性被表露出来。

由于经济学、符号学、信息学缺乏对消费者购物时心理认知状态的观察，导致其均无法为混淆可能性被作为商标侵权被确立起来提供理论支持。有学者从认知心理学角度为混淆可能性的研究提供了新的思路。将认知心理学用于商标法分析具有积极意义，对回应商标法中的一系列问题做出了贡献。司法实践证明，不参考消费者心理状态的司法裁判缺少客观性和可预测性。罗杰斯、瑞查德·帕特（Richard Paynter）等心理学教授先后运用实验方法研究商标侵权问题❷。以调查问卷的形式获得消费者真实混淆的证据，也在美国商标侵权案件中获得试用。我国的"乔丹案"也首次将消费者调查问卷作为判断具备混淆可能性的重要参考因素。但是，由于认知心理学本身在研究方法和研究对象上的固有局限性，也使其在被应用于商标法研究时存在一定局限性。

心理学作为一门独立学科，自1879年创立以来，历经200多年，已经发展成为一个拥有庞杂知识体系的强大学科。在其发展过程中曾出现过各学派纷争的局面。第二次世界大战之后，心理学研究的门户之间出现了缓和的局面，心理学思潮不再以学派的方式出现，而是以研究取向的形式呈现出来❸。1967年，美国心理学家奈塞尔发表的《认知心理学》一书指出："认知是感觉输入受到转换、简约、加工、存储、提取和使用的全部过程。"这标志着认知心理学的诞生❹。认知心理学认为，人脑类似于计算机，思维就是计算机的表征和运算过程❺。基于这样的前提假设，导致认知心理学无法反映认知过程的灵活性，从而陷入研究困境。例如，主流认知心理学强调认识论上的个体主义，关注个体的外来信息的加工，忽视了社

---

❶ 王太平.商标概念的符号学分析：兼论商标权和商标侵权的实质［J］.湘潭大学学报，2007，3：26.

❷ Edward S. Rogers. An Account of Some Psychological Experiments on the Subject of Trademark Infringement［J］. 18 Mich. L. Rev. 1919：75–77.

❸ 彭聃龄.普通心理学［M］.5版.北京：北京师范大学出版集团，2019：29.

❹ 同❸：33。

❺ 叶浩生.认知心理学：困境与转向［J］.华东师范大学学报（教育科学版），2010，1：2.

会、情境、文化等外部因素的影响。元素主义强调对组成个体的组分进行分析，却忽视了人对世界的体验具备整体性这一重要因素的考虑。

消费者购买商品的过程就是对商标进行识别的过程，该过程中消费者会受到包括动机、情感、社会、情境、文化、群体等多种因素的影响，认知心理学侧重于对个体心理认知过程的研究理念存在一定局限性。反观商标法，将商标作为研究的客体，而商标的形成、结构、本质、功能与消费者的消费行为均具有密不可分的联系。驱动消费者行为的则是消费者的内在心理活动，从消费者受到外来刺激开始，直至做出消费决策，并在消费决策的引导下完成购买行为，是一套完整的密不可分的整体。而无论是消费者的心理活动还是其外在购买行为都不是孤立的，均与社会环境、文化等外部因素紧密相连。从这个角度上说，当代认知心理学研究的个体主义与元素主义理论导致其并不完全适于对商标法的研究。

1.2.2　消费者行为学研究方法

消费者行为学研究的是个体或群体为满足需要与欲望而挑选、购买、使用或处置产品、服务、观念或经验所涉及的过程❶。消费者行为学是普通心理学与工业心理学结合后产生的心理学研究领域，具体包括对消费者行为和消费者心理两个方面的研究。在消费者行为方面，其将消费行为视为一个过程，不仅仅局限于购买商品这一时刻的行为，还特别强调消费的全过程。在消费者心理方面，则重点关注影响消费者购买行为的一系列心理因素，如消费者的需求、动机、对商品信息的感知、记忆及做出购买决策、购买行为的实施等。商标法的消费者行为学分析对混淆可能性研究的补充作用体现在以下几个方面：

第一，商标法的消费者行为学分析符合商标法理论以消费者作为重点的客观需要。巴顿贝比指出："消费者，我们认为是衡量商标法所有问题的标尺，商标纯粹是存在于消费者头脑中的财产。"纵观商标法的立法和司法，均无法在脱离消费者的情况下进行。例如，对于商标性使用的判断依据并非商标使用的具体形式，而是权利人对商标的使用能够使商标的识别功能得到发挥，即使消费者能够通过权利人对商标的使用识别其来源。从商标显著性角度看，商标是否具备显著性、显著性强弱的判断，也是看

---

❶ 迈克尔·所罗门. 消费者行为学［M］. 12版. 杨晓燕，等译. 北京：中国人民大学出版社，2018：5.

商标标志与其所指向的商品是否在消费者中形成了一一对应的联系。消费者在商标侵权判断中的重要性更加不言而喻，只有消费者对近似商标具有混淆可能性的时候，才能被判定为侵权。消费者行为学不仅关注对个人消费者的研究，同时也关注对群体消费者的研究。对社会背景、文化背景、社会阶层等因素与群体消费者的形成进行分析，为商标法中"商标性使用""显著性""相关公众"等诸多理论的判断提供支持。

第二，消费者行为学的商标法分析，可以进一步完善混淆可能性理论，消除理论争议，增强商标侵权审判的可预测性。

如上文所述，商标法的认知心理学分析停留在对消费者心理认知过程的研究。但是消费者的消费行为是一个完整的动态过程。消费者的消费行为始于对消费信息的认知，根据普通心理学的一般理论，消费信息认知是指消费者获得知识或应用知识的过程，或信息加工的过程，是消费者最基本的心理过程，具体包括感觉、知觉和记忆。在消费者认知的基础上，引发了消费者消费行为的动机，而消费动机又建立在消费需要的基础之上。消费动机进一步向前发展，并做出最终消费决定的心理过程被称为消费者决策，消费者在消费决策做出后才会实施最终的消费行为，消费行为实施后也并不代表一次消费行为的终结。消费者购后评价做出后，才意味着一个完整消费行为的终结。有学者指出❶："唯一能够解决商标侵权判定问题的方法就是将心理学引进法庭。心理学家具备客观地评估消费心理者心理状态的技能，并做出混淆可能性的准确判断。"

不同于认知心理学侧重于对认知过程的研究，消费者行为学对消费完整过程中消费者心理影响因素的研究，使其较之认知心理学用于混淆可能性的研究更具优势。例如，消费者行为学不仅关注消费行为前，也对消费活动后消费者的心理状态进行研究，为解决售后混淆的争议提供依据。消费者心理学较之认知心理学能够使多因素测试法的运用更为准确。又如，知名度作为多因素测试法中的一个因素，在我国商标法中也是判断混淆可能性的参考指标之一。但是司法实践中对于知名度的判断往往依靠法官的主观臆断。消费者行为学能够为知名度的判断提供依据，消费者行为学为研究品牌竞争力，提出了量化品牌知名度的方法，即品牌知名度对品牌部分或全部内容回忆的人数与回答总人数的比值。

---

❶ Edward S. Rogers. The Unwary Purchaser[J]. 8 Mich. L. Rev. 613, 1910：621–622.

总之，消费者行为学较之认知心理学并不拘泥于对人的认知心理过程的研究，而是将消费者购物活动的完整过程作为其研究对象，更适宜作为混淆可能性的基础性理论，对厘清混淆可能性的范围，以及为混淆可能性的具体判断提供支持。同时，消费者行为学中应用的研究技术和结论可以为混淆可能性中主观因素的客观化提供支持，从而使司法判决更具可预测性。

1.3 国内外研究现状

1.3.1 国外研究现状

根据美国《商标法》15U.S.C.§1114 条规定，非经注册人同意，任何主体在商业活动中实施复制、仿冒他人商业标记的行为，有可能造成混淆、错误或欺骗的，均应认定为商标侵权。由此，美国将"混淆可能性"作为判定商标侵权的标准。包括"商标近似""商品类似"在内的各个要素均是判定"混淆可能性"的要素之一，但绝非决定性要素。美国法将判定商标侵权完全转化为判定"混淆可能性"的过程，但是由于"混淆可能性"本身的不确定性，需要在个案中对诸多因素进行考虑，对每一个因素考虑的目的，都是探寻商标权人权利的边界。美国在司法实践中形成了以"多因素测试法"（Multifactor Tests）作为判定商标"混淆可能性"的方法。由于司法实践提供的丰富资料，美国关于商标混淆可能性标准的研究具有一定优势，较高水平著作颇多，也影响着国内学者对该问题的研究。其代表性成果包括：

（1）美国著名商标法学者 J. 塔摩斯·麦卡锡（J.Thmoas McCarthy）教授的专著 *Trademarks and Unfair Competition*[1]，对混淆可能性有着较为深入的理论研究。但是由于成书时间等一系列历史因素的限制，书中的一些观点已不能适应现代商标法的发展需要。例如，现行美国《兰哈姆法》拓展了混淆可能性的范围。通过删除法律条文中"购买者"的表述，将混淆主体扩展到相关公众，同时在混淆的发生时间上，不仅限于购买时，而且扩展到更广的时间线上，由此出现了包括初始兴趣混淆、售后混淆等新的混淆形式。而该书中将混淆可能性判断的主体因素"相关公众"界定为合理

---

[1] J. Thmoas McCarthy. Trademarks and Unfair Competition［M］. 4th Edition Thomson/West，2006.

谨慎的购买者,这必然限制了混淆可能性的扩展空间,缺乏对于初始兴趣混淆、售后混淆等问题的论述。

(2)理查德·柯克帕特里克的著作 *Likelihood of Confusion in Trademark Law* 一书[1],结合判例对混淆可能性判断的适用因素进行了较为翔实的介绍。在对是否具备产生混淆可能性的判断上,应当对商标显著性、商标的近似程度、商品的类似程度、真实混淆的证据、被告的主观故意、购买者的关注程度等因素进行判断。并且这个判断的清单不是封闭的,并非所有的因素在所有案件中都应当被考虑,且其重要程度也不完全相同。

(3)美国学者巴顿·贝比撰写的论文 *An Empirical Study of the Multifactor Tests for Trademark Infringement*[2],通过实证研究的方式,全面地分析了多因素测试法,意在使商标理论更加具体化、专业化。在该文中,基于对发生在2000—2004年的331个商标案件形成的数据资料的分析,作者对"多因素测试"中各个要素及各个要素之间相互作用对侵权的判定结果是否成立的影响进行了研究。基于调研数据,巴顿·贝比抽象出巡回法院在商标侵权案件中对于混淆可能性判断普遍考虑的因素,以列表的形式罗列了包括商标近似、商品类似、实际混淆、商标显著性、被告意图、消费者的谨慎程度等19项作为法院考虑是否发生混淆的判定因素。巴顿·贝比在利用多因素测试对混淆可能性进行研究时发现,各巡回法院进行测试时存在较大差异,一些在案件中被法院认为较为重要的因素在另一案件中又变得不太重要了,这就导致了在相同事实背景下,产生不同的判决结果。多因素测试可能已经陷入了机械化适用的境地,法官们在适用时也时常出现不满。但是巴顿·贝比仍然认为,多因素测试是判定混淆的最有力工具,所以对多因素测试进行重新认识。应当确立侵权案件中最常用的判定因素,而不是将每个因素置于法官的桌上供其选用,多因素测试存在的目的不是限制法官而是启发法官对于混淆的判断。

(4)理查德·L.柯克帕特里克(Richard L. Kirkpatrick)的论文 *Likelihood*

---

[1] Richard L. Kirkpatrick. Likelihood of Confusion in Trademark Law[M]. Practice Law Institute, 2010.

[2] Barton Beebe. An Empirical Study of the Multifactor Tests for Trademark Infringement[J]. 94 Cal. L. Rev. 2006: 1608.

of Confusion Issues: *The Federal Circuit's Standard of Review*❶,评论了混淆可能性在联邦法院适用标准的问题,虽然所有法院在进行商标案件的审理时都采用混淆可能性标准,但是各法院在审查混淆可能性的标准上存在分歧。美国联邦巡回法院是将商标混淆可能性的判断看作是服从"重新审查"(de novo)标准进行法律判断的问题,而不是服从"明显错误"(clearly erroneous)标准的事实判断问题。其认为联邦巡回法院的这一观点是存在问题的。作者通过对混淆可能性在法院裁判中的运用、法院适用标准的发展、商标审判的裁判和相关案例得出结论,认为联邦法院在利用"重新审查"标准对混淆可能性进行判断时,应当明确地阐述理由。

(5)爱德华·罗杰斯的论文 *An Account of Some Psychological Experiments on the Subject of Trademark Infringement*❷,是一篇从心理学角度论证商标侵权的文章,该文章也为国内学者进行心理学的商标法分析提供了思路。该文给出一份心理学的调查报告,对"Coca Cola"和"Chero-Cola"商标在视觉和听觉上的混淆可能性进行判断。四种相互独立的心理学实验被使用,其中三个为识别性实验,其是对商标外观混淆的实验。另一个为相对位置实验,是关于声音混淆的实验。研究发现,上述两个商标在外观和声音上被认定存在混淆可能性的概率高于在司法程序中已经被认定存在冲突的商标,高于与其他并不存在冲突的商标混淆可能性的平均概率。

(6)丽莎·科比亚里(Lisa Kobialkely)的论文 *Not likely But Possible*: *A Lesser Standard for Trademark Infringement*❸是一篇比较全面地介绍混淆可能性的文章,文章从商标法的立法目的和范围、美国《兰哈姆法》的发展变化、商业外观的保护入手,继而对混淆可能性标准的重要性进行论证,该标准的设立意味着当商标确认可以获得保护后,原告便负有证明混淆可能性存在的义务,混淆是判断商标侵权成立与否的试金石。商标侵权中的混淆可能性意味着,如果两个商标仅仅存在产生混淆的可能性,则尚不足以被判定为侵权,只有在对商标进行实际使用的情况下具有产生混淆

---

❶ Richard L. Kirkpatrick.Likelihood of Confusion Issues:The Federal Circuit's Standard[J]. American University Law Review,vol. 40, no. 3, 1991:1221-1214.

❷ Edward S. Rogers. An Account of Some Psychological Experiments on the Subject of Trademark Infringement[J].18 Mich.L.Rev.1919.

❸ Lisa Kobialkely. Not likely But Possible—A Lesser Standard for Trademark Infringement[J]. 31USFL. Rev,1997.

可能的情况下才能被认定为侵权。

（7）南希·德尔皮佐（Nancy DelPizzo）的 *Developing a Uniform Test for "Reverse Confusion" Trademark Cases in the Sports & Entertainment Industries*❶ 是一篇介绍反向混淆的文章。作者认为，反向混淆是引发商标诉讼的重要原因，如果混淆可能性的判定缺乏反向混淆这一情形，会导致大的商业团体肆意践踏小企业商标权，小企业却无从维权的现象出现。商标法将反向混淆作为商标混淆可能性判断的一种特殊形态，能够赋予小企业更有力的武器进行维权，保障小企业经济健康发展。同时，该文在结论部分以"坡拉瑞德"要素为例，对反向混淆中各因素的适用性进行了评述，明确反向混淆判断中各要素的判断方法。

（8）马克·P. 麦肯纳（Mark P. Mckenna）的论文 *The Normative Foundations of Trademarks Law*❷，认为现代商标法应将商标视为商品和价值的存储器，广泛存在于生产者提供的产品和服务中。商标法发展至今，较之过去在保护范围上更加广泛，其最新发展与传统的商标理论相比较具有很大差异。商标法不再是传统理论所认为的意在加强对消费者的保护，更像是反不正当竞争法，意在保护生产者，在贸易中避免其竞争者的非法贸易行为。早期判例证明，虽然消费者由于被告使用商标的行为而陷入混淆，但法院并未给予商标权人"救济"。现代商标法的理念并非对消费者、生产者或财产权的保护，混淆可能性、淡化、初始兴趣混淆等概念都是旨在为商标权人提供对其商标更强的控制力。强商标通常可以获得更大范围保护的原因在于，商标法保护的目标是使得权利人能够充分保留其对商标的全部权利。法院一般将商标视为连接商品与其生产者的桥梁。商标对于其权利人的意义在于，其可以帮助消费者在市场中准确定位其产品。在这种思想影响下，商标仅仅是作为权利人的商业工具获得保护。而现代商标法作为一种产业政策，意在保护品牌的价值。其与传统商标理念相比较的最大特点是关注如何增加商标的价值。

上述研究成果为混淆可能性理论的发展提供了支持。具体贡献包括：

---

❶ Nancy DelPizzo. Developing a Uniform Test for "Reverse Confusion" Trademark Cases in the Sports & Entertainment Industries［J］.14 Seton Hall. Sports&Ent. L. 175–177.

❷ Mark P. McKenna. The Normative Foundations of Trademark Law［J］. 82 Notre Dame L. Rev. 2007：1839.

（1）基于判例法体系的自身优势，对混淆可能性的各个具体因素及各因素之间的作用进行了分析，为混淆可能性在司法实践中的具体适用提供了丰厚素材。

（2）罗列了为混淆可能性判断时应当考虑因素的清单，包括商标近似、商品类似、显著性、消费者的范围及其注意程度等，均应作为混淆可能性判断时应当考虑的因素，同时提出该清单的开放性，并不排斥将在个案中引入其他因素，推动了混淆可能性判断的具体化，提升了裁判的可预测性。

（3）引入了心理学实验，是交叉学科研究的典型代表，将主观程度较高的混淆可能性的判断问题变得更为科学具体。

（4）推动了混淆可能性范围的扩张，反向混淆等新的混淆形态应当受到研究者的关注。

国外研究成果在取得进展的基础上仍存在进一步完善的空间。

例如，仅专注于混淆可能性具体要素的判断，缺乏混淆可能性基础理论的研究，缺乏宏观上对于混淆可能性基础理论的构建；心理学实验的引入具有较强的创新性，但是仅仅就单一实验所得出的结论，受限于实验样本局限性，并不能对消费者心理与商标之间的关系得出具有普遍适用的结论；缺乏从历史维度对商标侵权判断标准演化过程的论述，对于商标侵权标准历史演变过程的分析，能够为混淆可能性提供更为丰富的研究思路。综上所述，国外混淆可能性研究仍值得进一步深入。

1.3.2 国内研究现状

以混淆可能性关键词进行主题检索可知，2002—2020 年，CSSCI 收录期刊上共发表相关文章 86 篇，其中 75 篇集中发表于 2012 年之后。可见混淆可能性作为商标侵权判定的标准，长期受到国内学者的关注，特别是商标法经第三次修订后，正式将混淆可能性作为商标侵权判定标准，学者们对于该问题的研究呈现白热化趋势。其中比较有代表性的文献包括：

（1）余俊博士在其专著《商标法进化论》[1] 一书中，从商标法的缘起、生成、型构、根基等方面介绍了商标法的发展历程。本书第二章着重介绍了商标法保护模式的转变，商标的保护模式经历了早期对信息传播功能维护模式向财产保护模式转变到最终确立的过程。随着保护模式的转变，商

---

[1] 余俊. 商标法律进化论［M］. 北京：华中科技大学出版社，2010.

标法对于商标权的保护也经历了由欺诈向混淆可能性的转变。在商标财产权确立的背景下，混淆可能性逐渐成为商标侵权的判断标准，被告欺诈对公众的误导只是检验被告侵犯原告财产权的手段。

（2）李明德教授的专著《美国知识产权法》❶较为全面地介绍了美国商标制度，通过列举大量案例对商标侵权的混淆可能性标准和判定混淆可能性的若干要素的具体适用性进行了介绍。同时，除传统的混淆形式外，还对美国司法实践中出现的初始兴趣混淆、售后混淆和反向混淆的案件进行了说明，分析了混淆可能性因素在这些特殊混淆形式中的适用方法。

（3）李明德教授在其专著《欧盟知识产权法》❷中谈及了欧盟及欧洲主要国家司法实践中，将制止混淆作为商标保护的目标。介绍了《共同体商标条例》（以下简称《条例》）和《协调成员国商标立法一号指令》（以下简称《指令》）两部重要的商标领域立法。根据上述法律的条文表述，李明德教授提出，欧盟法院在判定商标侵权时，采用"混淆性相似＋混淆可能性"标准。根据该标准，在对商标是否具备混淆可能性进行判断时，不仅要回答"是否存在混淆"，而且要首先回答"商标是否近似""商品是否类似"。而对于商标是否近似、商品是否类似问题的回答，不是商标和商品的纯粹客观的物理状态，而应结合混淆的可能性进行解释。对商标外形近似程度低的商标，如果具备较高的显著性和知名度，则会被认为存在混淆可能性而被认定为近似。

（4）李扬教授的《商标法基本原理》❸一书，认为混淆可能性是判断商标侵权的独立要件，混淆可能性不再是判断商标相同或者近似的要素，而成为商标侵权的独立要件，也正是因为如此，商标的近似与商品的类似也成为独立化要件，只需根据商标标记本身的属性、商品的属性进行判断即可。该书还从混淆的方向角度出发，将混淆划分为正向混淆与反向混淆。从混淆的发生时间上将混淆划分为事前混淆、事中混淆和事后混淆。

（5）王太平教授的专著《商标法原理与案例》❹一书，对混淆可能性中相似性与混淆可能性的关系进行了论证和说明。该书基于对美国、欧

---

❶ 李明德.美国知识产权法［M］.北京：法律出版社，2010.
❷ 李明德.欧盟知识产权法［M］.北京：法律出版社，2014.
❸ 李扬.商标法基本原理［M］.北京：法律出版社，2019.
❹ 王太平.商标法原理与案例［M］.北京：北京大学出版社，2016.

盟、日本及我国的商标立法及典型判例的研究，将混淆可能性标准划分为混淆可能性吸收相似性标准、混淆可能性内化于相似性标准、以相似性为基础而以混淆可能性为限定标准。王太平教授从商标保护的基本目的与基本政策、商标法律的性质与功能角度出发，提出我国混淆可能性标准应以"客观相似性为基础＋混淆可能性为限定"标准。

（6）孔祥俊教授的《商标法适用的基本问题》❶一书指出，2013年《商标法》修订之后，混淆可能性作为商标侵权判断的唯一条件被外化。这一变化导致了《商标法》与相关司法解释中仅将混淆可能性作为判断商标近似、商品类似的因素产生了变化。基于《商标法》的规定，在对商标近似和商品类似进行判定时，完全考虑构成要素在自然属性上是否近似，而不考虑混淆可能性。但是，孔祥俊教授认为，虽然法律与司法解释存在差异，但在实践中未必需要截然区分，将两种标准进行相互参照，并不会产生适用性上的巨大差异。

（7）张体锐教授的专著《商标法上混淆可能性研究》❷一书以混淆可能性为主线、以"多因素测试法"为视角，指出我国商标法立法的不足之处，并提出建议。作者将"多因素测试法"中的主要因素包括商标近似、商品类似、实际混淆、被告意图等进行了分析为混淆可能性标准的具体适用提出了建议。

（8）姚鹤徽教授的专著《商标混淆可能性研究》❸一书指出，采用交叉学科研究方法进行商标法分析已经普遍受到学者的青睐。当前，已有学者从经济学、信息学和符号学的角度对混淆可能性展开理论探讨。姚鹤徽教授通过认知心理学原理、对消费者面对商标时的心理状态进行解读，展开了混淆可能性问题的研究。通过认知心理学对商标混淆的类型进行分析，认为初始混淆、售后混淆并不属于混淆可能性所指的混淆。

（9）彭学龙教授的论文《论"混淆可能性"》❹肯定了"混淆可能性"在商标法中处于基础性地位，对"混淆可能性"的认定应坚持个案原则、以普通消费者认知为准、衡平法原则。同时，结合当时正在审议的《中华

---

❶ 孔祥俊.商标法适用的基本问题［M］.北京：中国法制出版社，2014.
❷ 张体锐.商标法上混淆可能性研究［M］.北京：知识产权出版社，2014.
❸ 姚鹤徽.商标混淆可能性研究［M］.北京：知识产权出版社，2015.
❹ 彭学龙.论"混淆可能性"：兼评《中华人民共和国商标法修改稿》［J］.西北政法大学学报，2008，1：130-143.

人民共和国商标法修改草案》(征求意见稿)进行了评析,对征求意见稿中未将混淆可能性写入草案提出了批判。

(10)李雨峰教授的论文《重塑侵害商标权的认定标准》[1]对混淆可能性标准进行了批判。李雨峰教授认为,混淆标准面临的困境主要包括以下三点:其一,混淆可能性标准预设了保护消费者这一前提,在消费者中心主义的影响下,使《商标法》存在对《消费者权益保护法》的越俎代庖之嫌。其二,混淆可能性标准与淡化标准的并行容易造成商标法基础的混乱。其三,司法审判并没有根据该标准做出适当的调整。

(11)彭学龙教授的论文《商标混淆类型分析与我国商标侵权制度的完善》[2]对混淆的类型做了比较全面的介绍,根据不同的标准将商标混淆划分为单一出处混淆与多出处混淆、正向混淆与反向混淆、售前混淆与售后混淆、联想性混淆与潜意识混淆等。并指出,我国《商标法》仅对正向混淆行为进行规制,其他混淆的形式均没有获得法律的认可。但是,其他混淆形式对商标权人与消费者同样会造成损害,不对这些行为进行规制,《商标法》的功能就难以得到充分发挥。

(12)彭学龙教授的论文《商标法基本范畴的心理科学分析》[3]从认知心理学的角度对商标混淆发生的原因进行了分析。作者认为,信息通过记忆以结点和连接链的方式存在于人的大脑之中,共同构成了人的认知网络。任何结点都或多或少地与其他结点之间通过连接链进行连接。当外来刺激进入人的认知网络后,人会无意识地对记忆中的已存信息进行检索,如果外来刺激与之前已存信息在一定程度上相匹配,该结点就会被激活。结点中的信息将会被用来解释外来刺激,形成新的认知结点,即所谓模式识别过程。当人对外来信息与记忆中的结点产生认识偏差时,与原有结点相关联的信息被激活,与该外来信息产生关联,从而产生混淆。

国内研究较之国外研究更为充分。首先,均认可混淆可能性在商标侵权判断中的基础性地位。从历史维度进行考虑,充分把握商标侵权标准发展的历史进程,使混淆可能性理论的地位更加稳固。其次,认识到相似

---

[1] 李雨峰.重塑侵害商标权的认定标准[J].现代法学,2010,6:44-55.
[2] 彭学龙.商标混淆类型分析与我国商标侵权制度的完善[J].法学,2008,5:107-116.
[3] 彭学龙.商标法基本范畴的心理科学分析[J].法学研究,2008,5:70.

性判断在混淆可能性判断中的特殊地位，提出了一些混淆可能性标准的模型。再次，从符号学、信息学、经济学、认知心理学角度对混淆可能性进行交叉学科研究，扩展了研究的通道。最后，意识到混淆可能性理论的扩张，提出了售前混淆、售后混淆、反向混淆等新的混淆形态。

在取得上述丰硕成果的同时，国内研究也存在进一步深入发展的空间。首先，对于混淆可能性的理论基础、概念、范畴仍可进一步深入。其次，对于相似性与混淆可能性关系尚未形成理论化成果。虽然已有学者指出，应将相似性作为商标侵权判断的前提，将混淆可能性作为商标侵权判断的限定条件，坚持相似性和混淆可能性判断的独立性，但其论证尚显单薄。或是基于商标法的内部理论进行论证，或是所利用的交叉学科研究理论本身对于商标法问题研究就存在一些明显不足。可以通过研究方法的创新，使与消费者购物活动密切相关的消费者行为学理论与商标法理论进行结合，厘清相似性和混淆可能性的关系。为相似性判断居于独立地位提供支持。最后，对于售前混淆、售后混淆、反向混淆能否作为新的混淆类型加以保护，仍需要更为深入地讨论，设定适用条件，以防由此带来的危害。

1.4 研究创新点

学术研究的创新既可以是理论观点的创新，也可以是研究方法或者研究角度的创新。本书的创新之处主要体现在以下几方面：

（1）本书首次将商标传统理论与消费者行为学理论知识进行结合，论证了商标形成、商标功能和混淆存在密切关系，为混淆可能性作为商标侵权判断提供理论基础。商标的形成和功能理论不仅是商标理论构建的基础，而且能够为混淆可能性标准成为商标侵权判断标准提供有力支撑。截至目前，除有学者根据传统商标法理论对商标形成和商标功能进行阐述外，还有学者从经济学、符号学、信息学和认知心理学角度对商标形成和功能进行了新的解读。特别从认知心理学角度对消费者面对商标时的心理认知状态进行分析，对研究商标形成、功能及混淆可能性问题具有积极意义。本书受到上述学者研究方法的启发，开创性地选取了以消费者消费行为为研究对象的消费者行为学理论作为研究的基础理论。消费者行为学是在普通心理学基础上衍生出来的以消费者购物时的心理状态和行为为研究对象的心理学研究分支，充分展现了消费者实施消费行为时内心和外在表现的完整过程。消费者行为学较之认知心理学对于混淆可能性的研究紧密性更强，同时能够为混淆可能性的具体判断提供更为微观细致的支持。

（2）在混淆可能性的基础理论研究方面，本书的创新之处体现在以下方面。首先，通过将传统商标理论与消费者行为学的结合，对商标形成和商标功能的本质进行了分析。商标的形成与商标功能和消费者的消费行为心理关系密切。消费者行为学解释了商标形成和商标功能发挥作用过程中，因侵权人实施侵权行为造成消费者混淆的本质，厘清了相似性和混淆可能性理论的关系。基于消费者行为理论提出了"客观混淆可能性限定"理论。本书中，对于混淆可能性含义的界定，初始兴趣混淆、售后混淆、反向混淆的适用条件，以及混淆可能性各个要素的具体判断，均是在该理论的统摄下进行的。其次，对于混淆可能性的含义和类型的确定，在前人研究的基础上取得了一定创新。将消费者决策作为混淆可能性构成的重要影响因素，只有因侵权行为导致消费者对商标的来源，或者生产者之间存在关联关系，所产生的混淆很有可能使其做出错误的购买决策时才构成混淆。再次，对于初始兴趣混淆、售后混淆、反向混淆能否作为混淆可能性扩张后新的混淆类型的问题。在前人研究的基础上，结合消费者行为学的分析，提出应将是否影响消费者决策作为判断的归宿，并以此为上述混淆类型的适用性设定了限制条件。最后，对于相似性和混淆可能性的关系问题，本书开创性地从消费者行为学角度进一步对该标准适用的合理性进行了论证，为该标准的确立提供理论基础。

（3）对于混淆可能性的具体判断方面的创新之处体现在以下几方面。第一，消费者行为学较之其他交叉学科对于研究商标法理论问题的优势，在于其与消费者的购买心理的紧密联系上。该学科对于消费者购买过程中每个阶段的心理变化的研究成果，能够为商标法中商标近似、商品类似、相关公众的注意程度、显著性、知名度、实际混淆、商标性使用等问题的具体判断提供更为具体和可操作性的理论支持。从消费者行为学理论出发，使上述混淆可能性判断因素的含义、地位及其适用条件更加具备可操作性。第二，基于本书的研究，提出了进一步修订《商标法》的建议，增强我国商标侵权标准司法判断的客观性和可预测性。

2 商标混淆可能性的消费者行为学探析

商标法学理论通常将混淆可能性作为商标侵权的判断标准,但也有诸多国家在司法实践中采用"相似性"标准,学术界也有"淡化标准""显著性标准"等学说的存在。即使在同样适用混淆可能性标准的地域,在混淆可能性判断过程中,对于"相似性"与"混淆可能性"关系的处理、混淆可能性中混淆的范围、混淆可能性判断的主体"相关公众"的界定,以及如何对其他混淆性判断因素进行判定等问题,现有理论尚未做出回应。对这些问题的回答直接影响着混淆可能性作为商标侵权判断标准的正当性和科学性。笔者试以消费者行为学理论为基础,从商标的形成和功能角度为混淆可能性的确立提供理论支持。

2.1 商标形成的消费者行为学基础及分析

2.1.1 商标形成的消费者行为学理论基础

商标从一个普通的符号转变成为能够识别商品来源的标记的过程即为商标的形成过程。商标的形成与消费者的消费心理具有密不可分的联系。因为一个不被消费者认为是商标的标记,无论为其投入了多么高昂的设计成本,商标标记被设计得多么精美,其最终也不过是一个标记、一个符号。因此,消费者的消费心理对研究商标形成意义重大。如上文所述,消费者的消费行为是一个完整的动态过程。消费者的消费行为始于对消费信息认知,消费者对消费信息认知影响着商标形成,而后续的消费行为是在消费信息认知的基础上进行的。

2.1.1.1 消费信息认知过程的第一步为感觉

感觉是指对事物个别属性和特性的认识❶。感觉是消费者做出消费决策的基本前提。感觉与商标形成和混淆的关系在于:

首先,感觉对于商标形成的影响发生于商标创建的最初阶段,为知觉过程的开始提供原始数据。依据人获取信息的器官不同,心理学将感觉分

---

❶ 彭聃龄. 普通心理学[M]. 5版. 北京:北京师范大学出版集团,2019:84.

为视觉、嗅觉、听觉、味觉、触觉。消费者的感觉器官每天都会承受大量外来信息的冲击，但很多消费信息在完成全部传递过程后都不能被消费者所感知。这是因为只有外来信息的刺激达到消费者能够感知的最小刺激量时，才能被消费者所感受。因此，生产者们总是采取一系列手段加强外来信息的刺激，以达到消费者的感觉阈限。例如，生产者试图让自己的商品与特定的颜色产生紧密联系，以至将颜色的组合成为自己的商业着装。又如，宝马公司在广告中采用音频水印技术，通过两个独特的低音频率作为结尾，形成了声音标识的韵律和节奏的基调❶。因此，对于商标标记进行合理设计使其能够达到消费者的感觉阈限是非常必要的，一个没有到达消费者感觉阈限的标记就像每时每刻都在发生的细胞死亡一样不会被人察觉，更谈不上对消费者的决策产生影响，而没有对消费者消费决策产生影响的标记还不能被称为商标。

其次，感觉会受到多种因素的影响，会导致人们对同一标记的感知呈现多样化，这既包括生理性因素也包括非生理性因素。例如，视觉对比试验表明，将一张灰色的纸张置于明暗不同的黑色和白色的不同背景上，其亮度会有所不同。又如，作为获得颜色信息的感觉（视觉），会受到后天学习、性别、年龄等因素的影响。类似于女性容易受到鲜艳色彩的事物吸引，而老年人因为眼睛的退化会对白色产生视觉倾向等，这类事例不胜枚举。基于以上生理和非生理因素，导致不同的人及相同的人在受到相同外来刺激时会产生偏差，因此从影响消费决策的第一个认知的感觉因素起，就可能导致消费者混淆的出现。

2.1.1.2 消费者信息认知过程还包括知觉

知觉是客观事物直接作用于感官而在头脑中产生的对事物整体的认识❷。例如，达到感觉阈限的花香能够被人的嗅觉所感知，但这种气味在被人感知后能够被赋予是花香甚至是哪一种花的香气这一意义时，则需要知觉的作用。由此可以看出，人的知觉不仅需要外来信息的输入，还需要人头脑中已经存储的信息。消费者行为学理论认为，知觉分为暴露、注意、解释三个阶段。

---

❶ Andrew Keen. The Cult of the Amteur: How Today's Internet Is Killing Our Culture [J]. NewYork: Currency 2007.

❷ 彭聃龄.普通心理学[M].5版.北京：北京师范大学出版集团，2019：140.

暴露是连接感觉和知觉的枢纽，暴露为人的知觉提供外来信息。能够进入知觉过程的外来信息除要达到感觉阈限外，也存在差别阈限，即能够使人觉察到两种刺激之间的最小差别，两种刺激之间的差别是否被消费者注意到往往与营销环境有关。

知觉的第二个阶段注意是促成商标形成的关键。注意是一种具有指向性和集中性的心理活动。注意的指向性是指在一瞬间，人的心理活动或意识选择了某个对象，而忽略了另一些对象❶。当今时代，消费者每天都处于信息过载的状态之中，消费者处理信息的能力有限，对于达到感觉阈限的信息也只是选择性地注意到外来信息中的一小部分。由于消费者注意的有限性和商品信息的无规律性，使其难以获得商品及其生产者的全部信息。例如，消费者在购物时会对产品的外包装、价格、款式、生产日期、购物环境等信息投入注意，而忽略了生产者、产地等信息。生产经营者通过创设商标将与商品有关的全部信息容纳其中，消费者看到商标标记时，其所蕴含的全部信息便可全部被注意到，避免对商品信息的遗漏。

知觉的最后一个阶段是解释，是指人们赋予感觉刺激物的意义。人们对外来刺激的解释会受到过去经验、期望和需要的影响，因此，对于相同事情的解释往往存在偏差。消费者心理学中的闭合原则、相似原则和背景原则能够被用于解释知觉偏差的出现。例如，闭合原则指出，人们倾向于根据自己以前的经验来填补图形中的空白部分❷。反映在商标的识别上，消费者往往只注意到其整体结构，忽略了其细节，因此，消费者脑海中所存储的商标标记仅仅是一个模糊的轮廓，这就给其他模仿者提供了仿造的空间，对这些被忽略掉的细节的模仿与改造为商标混淆提供了空间。又如相似性原则，是指消费者倾向于将已有物理特性的物品归类在一起❸。这就导致消费者习惯于把其购买的属性、外观、品质相近的商品或者是商标标记较为近似的商品认为是同一生产者提供的，从而产生混淆。因此，正是基于消费者知觉过程存在偏差解释的特性，在商标形成中消费者的混淆不可避免，需要混淆可能性作用的发挥。

---

❶ 彭聃龄.普通心理学［M］.5版.北京：北京师范大学出版集团，2019：198.

❷ 迈克尔·所罗门.消费者行为学［M］.12版.杨晓燕，等译.北京：中国人民大学出版社，2018：70.

❸ 同❷。

2.1.1.3 学习是消费者认知过程的重要心理状态

学习对于商标的形成和消费者做出消费决策作用关键。学习是由经验引起的相对比较长久的行为改变，行为理论与认知理论是主要的解释学习的理论。行为学习论关注简单的刺激——反应联系，其并不关注学习的内部思维。行为学习理论主要学说之一的经典条件反射说为解释商标的形成和侵权发生的原因提供了依据。该学说认为，经典条件反射是指将一种能够诱发某种反应的刺激与另一种原本不能单独诱发这种反映的刺激相配对，随着时间的推移，因为与能够诱发反映的第一种刺激相联结，第二种刺激会引起类似的反应❶。在商标法领域，商标形成是一种学习过程，或者说是学习促成了商标的形成。商品在被销售前，生产者通过广告将商品信息（包括商标、包装、形状等）介绍给消费者，由此形成第一种刺激。消费者在购买商品后，在使用过程中形成的优质客户体验，例如，美味的口感、舒适的体感、他人对购买商品的称赞等形成了第二种刺激。上述两种刺激的联结进一步促成了消费者行为的改变，会倾向于再次购买这个品牌的产品，促成商标的形成。根据经典条件反射学说，与条件刺激相类似的刺激往往会引起类似的条件反射，这被称为刺激泛化。例如，研究表明，消费者往往认为包装相似的洗发水具有类似的质量和效果。生产者利用刺激泛化原理设计商标，会使其通过建立消费者对某一现有品牌或公司名称的良好印象和联想而获益❷。因此，出现了许多普通企业通过模仿知名品牌商标的形式，传达自己高质量的形象。当模仿的商标与被模仿的商标过于近似时，即诱发了商标侵权的产生，需要混淆可能性作用的发挥。

如上文所述，消费者的感觉、知觉、学习等心理状态都会受到预先存在大脑中的已有信息的影响，而大脑对预先信息的存储则依靠的是记忆。记忆连接着人的心理活动的过去和现在，是人们学习、工作和生活的基本技能。没有记忆的参与，人就无法分辨与确认周围的事物。记忆过程是人对外界信息进行编码、存储和提取的过程。消费者行为学将人的记忆系统划分为感觉记忆、短时记忆和长时记忆。

---

❶ 迈克尔.所罗门.消费者行为学[M].12版.杨晓燕，等译.北京：中国人民大学出版社，2018：79.

❷ 同❶：81。

感觉记忆是记忆的开始阶段，感觉记忆对外来刺激的存储主要依赖于外来刺激的物理特征。感觉记忆具有容量大、存储时间短暂的特点。感觉记忆的存储时间为 0.25~4 秒，这就解释了人们在收看电视节目时，电视画面本身由一个个静止画面构成，人们仍可以获得画面联动的感受。

经由感觉记忆登记的信息，只有经过注意才能进入短时记忆，未被注意的外来信息则会很快消失。因此，注意是感觉记忆与短时记忆的桥梁。短时记忆作为三级记忆系统的中间阶段，其存储信息量和存储时间十分有限，短时记忆的编码受到人的觉醒状态、加工深度以及组块的影响。根据心理学实验，人的短时记忆的容量为 7±2。因此，为了提高短时记忆的容量，可以通过扩大每个组块的信息量来增加短时记忆的总量。由此，生产者通过商标可以将与商品有关的信息全部融入其中。消费者看到商标时即可通过标记唤起其已融入的全部产品信息，事实上增加了消费者将每一条商品信息作为独立组块进行记忆的信息量。商标本身可以扩大信息组块，是增强消费者短时记忆容量的最好方法。出于提升消费者记忆信息量的目的，生产者从营销的角度创设和推广自己的商标，为商标的形成提供了客观条件。

存储于短时记忆中的信息在经过精确复述后，即可进入记忆的最后一个阶段长时记忆，长时记忆具有存储时间长、容量没有限制的特点。消费者行为学认为，人的记忆过程是一个记忆网络的构建过程。人的记忆网络由节点和节点之间的连线构成，每一个节点可以代表一个概念，既可以是一个品牌、一种情感，也可以是一种颜色或者一个人等。节点之间由线进行连接，线本身就是联想。这个网络系统会根据相似性原则对网络内的节点进行组织，两个节点共同属性越相似，它们之间的距离就越近，在受到外来信息刺激时，被激活的可能性就越大。当一个之前从未有过的新的信息进入记忆网络时，人脑会自发地对该信息进行分析，在已经建立的网络中寻找与之相似的节点并将其激活，当这个节点被激活时，与之相联系的其他节点也会被激活。当上述过程结束后，该刺激也会被作为一个独立的节点存储于知识网络中，等待着下一次外来刺激将其激活。该理论被消费者行为学称作扩散激活理论。由此，当某个商标标记能够对消费者记忆网络中已经存在的该商标标记的节点进行激活，并沿着连线传递到附近节点时，便宣告着该商标的形成。

但是，人的记忆会出现遗忘和偏差的情况。干扰说是遗忘发生的主流学说。根据干扰学说，造成遗忘的原因主要是人的记忆分别受到在后识记和学习资料的干扰，这被称为倒摄抑制。当前，后识记和学习资料的相似性达到一定程度时，抑制作用达到最大，从而影响人记忆的准确性，甚至被全部遗忘。当人的记忆丧失准确性时，其直接后果便是在进行回忆或者再认时发生错误。同时，人除了遗忘信息外也存在保留不正确信息的倾向即记忆偏差。比较典型的引发记忆偏差的情况包括遗漏（忽略事实）、平均化（使记忆趋向"标准化"而不报告极端情况）及压缩（对时间的错误回忆）等❶。还有学者提出，想象膨胀也是记忆偏差的表现情形❷。例如，当人们来到一个从未涉足的地方时，往往会产生似曾相识的感觉，这是因为储存在人脑海中的类似情境，当受到现实环境的影响后被激活，从而产生了记忆偏差。基于记忆的遗忘和记忆偏差，具体到商标法领域，当两个商标足够近似时，便可能对人的记忆产生干扰，由于遗忘或者记忆偏差使消费者对两个商标产生混淆，因此需要混淆可能性的干预和调整。

2.1.2　商标形成的消费者行为学分析

上述消费者行为学的分析对分析商标的形成，以及将混淆可能性作为判定商标侵权标准具有积极意义。从消费者行为学角度看，商标得以形成的标志就是看消费者能否直接做出购物决策，如果消费者将商标作为消费行为的直接依据，则可以说明商标标记完成了由单纯的标记向商标过渡的进程。消费者决策的做出依赖于由感觉、知觉、记忆、学习共同构成的消费者认知体系，其为消费者做出决策的步骤提供了基础性素材。同时，消费者的需求和动机为制定决策的每一个步骤提供了动力。而消费者所做决策产生的后果，经过学习重新进入记忆网络之中，为下一次决策的做出提供依据。

具体而言，根据消费者行为学理论，认知型决策可以划分为 5 个阶段，即问题识别、信息搜寻、备选方案评价、产品选择和结果❸。

问题识别可以划分为两类，一类是实际状态品质下降，消费者需要对实际状态进行改善，例如汽车没油带来的需要解决的加油问题。另一类是

---

❶ 迈克尔·所罗门. 消费者行为学 [M]. 12 版. 杨晓燕，等译. 北京：中国人民大学出版社，2018：101.

❷ 丁锦红，张钦，郭春. 认知心理学 [M]. 北京：中国人民大学出版社，2010：30.

❸ 同❶：228-232。

消费者所期望的理想状态提升了。例如，习惯玩传统电子游戏的玩家，对VR游戏体现出极高的热情。决策的问题识别本质即对应着心理学理论中的一个重要概念——需要。需要是机体内部的一种不平衡状态，动机是在需要的基础上产生的，正是由于消费者的实际需要或者理想需要得不到满足，才激发了消费者寻求实现平衡的对象，从而产生消费动机。

决策的第二个阶段信息搜索，是指消费者在环境中获取适当资料以制定合理决策的过程。首先，信息搜索本身需要感觉、知觉、学习、记忆等认知心理的借助。同时推动信息搜索深度的动力是根据消费需要产生的消费动机。根据消费者行为学理论，消费者的需要越强，产生的动机就越强，在信息搜索步骤中能够反映信息搜索动机水平的因素被称为消费者介入。消费者介入程度越深，消费者购买动机越强烈。

备选方案评价作为消费者决策的第三个阶段，其直接影响因素为备选产品的唤醒集和考虑集。唤醒集为消费者在做出决策前所知的商品，而考虑集则为消费者实际考虑的备选商品。二者均与记忆有密切的关联，唤醒集与考虑集在记忆层面表现为人脑中已经形成的节点，二者的范围越广，表明记忆网络中的节点与节点之间的联系越丰富。如果没有先前的购物经验，在一次购物行为完成后，与本次购物行为有关的购物行为可能会成为下一次购物决策的唤醒集和考虑集。

消费者在对备选方案进行评价后，则会对产品做出选择，最终选择会受到情境因素、购物体验、情绪等多因素的影响。在内外环境影响的合力下，消费者做出最后的购物决策。

最后，在购物决策的推动下，消费者对购后的评价宣告着一次完整消费行为的终结。购后评价是商标得以形成的关键步骤，因为购后评价的好坏将引发消费者的学习，会影响到下一次面对类似决策时做出选择的结果。消费者在对所购买的商品进行使用后所形成的购后评价即是一次完整消费过程的结束。同时在购买和使用过程中所获得的包括商品质量、生产者信息、购物情境、销售者信息等外来刺激都会以节点的形式存储于记忆网络中，而这些外来信息都共同指向商标标记，商标标记的设定可以将繁杂的商品信息囊括于其中，心理学家提出，"商品名称"是相关商品信息的"集中地"，代表着消费者大脑记忆中特定认知网络的中心[1]。当蕴含着

---

[1] 姚鹤徽. 商标混淆可能性研究[M]. 北京：知识产权出版社，2015：104.

丰富商品信息的商标标记在人的记忆网络中，以节点的方式被设定后，并以该节点为中心向外扩散出各类与之密切相关的商品信息网络得以展开时，即宣告商标的形成。

2.2 商标功能及其消费者行为学分析

2.2.1 传统法学理论对商标功能的诠释

商标功能是商标法理论体系中研究的重点，对商标功能的分析能够为混淆可能性标准的确立及混淆可能性含义的界定提供支持。理论界对于商标功能已经形成了较为统一的认知。郑成思教授在其早期著作《知识产权通论》中对商标的功能做如下阐释。郑教授认为，商标的第一个作用也是最基本作用是将一个企业的产品或者服务与其他企业的产品或服务区别开。第二个作用是在市场上反映出提供一定产品的企业。第三个作用是在一般情况下对产品质量起到客观的监督作用。并且由上述三种作用引申出促进产品销售的作用❶。吴汉东教授对商标的功能和作用进行了概念上的区分，认为商标的功能是指由商标的自然属性决定的特有的作用。随着商标的发展，商标功能已经发展出标示来源功能、保证品质功能、广告宣传功能和彰显个性功能。而商标的作用是指商标发挥自身功能而对经济生活产生的影响，包括降低消费者的搜寻成本和维护消费者权益❷。王太平教授将商标的功能归纳为来源识别功能、质量保障功能、广告功能、表彰功能和商誉积累功能❸。张玉敏教授指出，商标的基本功能是识别，商标的其他功能，如广告功能，质量担保功能及符号表彰功能都是在识别功能的基础上派生出来的，而且只有在识别真正发挥作用的时候，派生功能才能真正发挥作用❹。余俊博士在其论文中指出，商标的三大功能为识别功能、品质担保功能和广告功能❺。基于以上学者对商标功能之论述可以得出结论：识别来源功能是商标的第一功能和基本功能，品质保障功能、广告功能等为派生功能。

识别来源功能又称区分功能、标示功能。作为商标的基本功能，是伴

---

❶ 郑成思. 知识产权法通论［M］. 北京：法律出版社，1986：67-96.

❷ 吴汉东. 知识产权法［M］. 北京：法律出版社，2008：20.

❸ 王太平. 商标法原理与案例［M］. 北京：北京大学出版社，2016：3-4.

❹ 张玉敏. 商标注册与确权程序改革研究［M］. 北京：知识产权出版社，2015：28-29.

❺ 余俊. 商标功能辨析［J］. 知识产权，2009，11：74-76.

随着商标的产生而产生的，是商标的天然功能。正如欧盟法院在判决中指出的，商标的本质功能是保证商标所被使用的商品在来源上的一致性，使消费者在区分其他来源商品或服务时不产生混淆可能性❶。可见商标的识别来源功能与混淆可能性具有联系。识别来源功能的形成是以信息传播理论为基础的。根据该理论，商标所传达的是其所适用商品或者服务的制造者或提供者的身份和产地信息。消费者通过商标所传达的信息可以将商品或服务的生产者的身份与产地进行区分。因此，对商标权的侵犯就是对商标所传达信息的扭曲，使消费者无法通过该信息所指示的路径找到其生产者，继而损害生产者的利益。商标的识别来源功能要求消费者通过该商标可以明确知晓其所被适用的商品或者服务的来源。正如约翰狄龙勋爵在"谢菲尔德"法案讨论会议中所指出的那样，商标是一种表明特定事实的标记，即它代表在特定地域，由特定商人或者企业生产的产品。如果改变产地或生产商，标记就被破坏了。我听说过有人想要出售其商标，但我立刻想到了战士准备出卖其勋章❷。

随着工业化进程的加快，人们对商标的认识不断加深，但识别来源功能作为基本功能被保留下来，识别来源功能的内涵也得以进一步丰富，特别是在将商标作为财产进行保护的理念的引导下，识别来源功能不再要求消费者通过该商标必须明确地知晓商标所指示的某个具体来源，这个来源完全可以是匿名，其具体体现为消费者对使用某种标记该标和不使用某种标记的区别，以及对于同样适用某种标记的商品或者服务应当存在一定的联系。基于这种观念上的变革，商标得以以财产的形态重新出现在人们面前，进而使商标的许可和转让成为可能，这种变化在真正意义上满足了现代经营模式的需要。

进一步讲，由于现代经营活动中商标转让和许可的广泛应用，商标所识别的不再限于商品或者服务的产地或者其生产者。商标所识别和区分的可以是商品从产生到消亡过程中所有对该标志拥有实际管控能力的主体，例如商标所适用产品的经销商、加工商、进口商等，以及与该商标的管控主体具有关联关系的主体（如投资关系、母子公司关系等）。根据前文郑成思教授对识别作用的划分可知，商标的第一作用，被分解为对企

---

❶ Camon Kabushiki Kaisha v. Metro-Goldwyn-Mayer Inc, Case C-39/97, paragraphs 29.
❷ 余俊.商标法律进化论［M］.北京：华中科技大学出版社，2010：88.

业产品和服务的区分与对其生产企业本身的区分。这与有学者将源混淆划分为对商品混淆和来源的混淆具有一致性。商标的识别来源功能和混淆在本质上是一种因果关系，我们可以把识别来源看作观察事物眼睛，而将混淆作为观察的结果，如果将眼睛所看的客观事物毫不歪曲地如实反映到人的大脑，则不会发生混淆。反之，则造成了混淆的发生。商标的第二作用，在市场上反映出提供一定产品的一定企业。郑教授所述的商标的第一、第二作用本质上是一致的，均为商标的识别来源作用，只是识别的深度不同。如郑老师所述，在理解商标的第一个作用时，要特别注意它是区分不同企业的相同产品的，此时识别的进程是初级的，仅仅是眼前的商品。而在解释第二作用时提到，一般消费者在市场上看到"飞鸽"牌自行车，不仅能把其与"永久"等自行车区别开来，一般还都知道它是"天津自行车厂的产品"❶。此时识别的进程进一步向前推进，识别的目光不仅存在于眼前的商品，而且进一步发展到对该商品的生产者及其来源的识别。

　　同时为适应现代商标法发展的需要，商标识别功能所识别的企业的范围也不再仅仅限于产品的生产企业，对于"企业"的解释应更为宽泛。这里的企业不再限于生产企业，还包括商品产生的全过程中可能的一切参与者，以及与其具有关联关系的主体。正如 Canon 案中欧盟法院提到的，即使公众没有对商品或者服务的来源发生混淆，而是产生了关联关系的混淆，仍符合《指令》第 4 条（b）款所述的混淆可能性。

　　对于商标的其他派生功能，即品质保障功能和广告功能，是基于识别来源功能而产生的派生功能❷。之所以称为派生功能，是因为该功能是基于识别来源功能而产生的，如果商标识别来源的功能不能在市场上得以发挥，则派生功能也将进入"休眠"。市场上，企业通过以老品牌推销新品牌的方式达到为新商品的质量提供担保的目的❸。但是，商品保障功能并不

---

❶ 黄晖. 郑成思知识产权文集［C］. 北京：知识产权出版社，2017：16-17.

❷ 通说认为识别来源功能、品质保障功能、广告功能是商标的基本功能。除此之外，也存在例如表彰功能、商誉积累功能的说法。但是由于这些派生功能的产生以及功能发挥的原理上与通说认为的派生功能具有一致性，所以本文仅对品质保障功能与广告功能进行辨析。

❸ George A.Akerlof. The Market for Lemons：Qulity Uncertainty and the Market Mechanism［J］. 84 Quarterly Journal of Economics，1970：488.

保障附着该商品或者服务的商标能够具有高品质，其保障的仅仅是将使用相同商标的商品或者服务的质量控制在一定的范围之内，使消费者在购买商品前能够对于其所购买的商品或者服务的质量做出预测。本质上，仍然是消费者对于该商品或者服务来源"企业"的认可。例如，欧盟法院在裁判中指出，识别来源功能是商标的本质功能，它能够保证商品或者服务源于同一个企业，从而为其商品或者服务的质量承担责任。由此可以看出，品质保障功能是识别来源功能的另一种表现方式。同时应当指出，几乎所有学者均一致认为，仅仅依靠商标的品质保障功能无法实现生产商品的高品质，品质保障功能所能控制的仅仅是商品或者服务质量的一致性。将其称为保障功能在某种程度上具有误导性，商标不是严格法律意义上的保证或担保，而只是承认商标意味着在那个标志下销售的商品和服务的一致的质量[1]。与其说商标对商品或者服务质量的保障，不如说是监督企业将商品或者服务的质量控制在一定的水平。企业在生产、销售自己商品或者服务的时候都会使用自己的商标，出于对商誉的保护，会尽力保障自己提供的商品或者服务的质量，从而在客观上实现对质量同一性的维护。这种客观上的监督作用，与保证作用不同，商标很难像有些人希望的那样，起到"保证产品质量的作用"。因此，商标的品质保障功能本质上是激励生产者维持商品品质的功能。

作为商标派生功能的广告功能是以识别来源功能为基础的。基于识别来源功能使商标具有了显著性特点，从而使商标可以快速地将商品信息传递给消费者。特别是在互联网时代，其传递商品信息的功能越发重要。通过商标广告功能的发挥使该品牌受到市场认可，从而使消费者将品牌与商品建立起了一一对应的关系，客观上促进了商品的销售。由此可以看出，广告功能的发挥是识别来源功能在宣传推广领域的体现，都是通过商标将商品信息传递给消费者，使消费者在看到该标志时能够识别该商品的来源。

2.2.2 商标功能的消费者行为学分析

商标的识别来源功能、品质保障功能和广告功能与消费者行为学有着密切的关系。如上文所述，当蕴含着丰富商品信息的商标标记在人的记忆

---

[1] J.Thmoas McCarthy. Trademarks and Unfair Competition [M]. 4th Edition Thomson/West，2006，3：10.

网络中以节点的方式被设定后，并以该节点为中心向外扩散出各类与之密切相关的商品信息网络得以展开时，即宣告商标的形成，商标功能在商标形成的基础上才能得以发挥。当消费者为满足需求，在购物动机推动下，利用各类感知觉器官主动或被动接收外来信息的刺激，当某一外来刺激（可以是商标标记，也可以是相关商品信息）与先前储存在消费者记忆中标记或者相关商标信息相似时，该外来刺激便可以将记忆中的信息激活，并经连线扩散至记忆网络中的相关节点，从而使消费者依据先前经验做出相同的购物决策，商标的识别功能由此得以发挥。例如，消费者通过先前的购物行为获取了某一商品的信息，这些信息以商标为中心节点网络化地存储于人的记忆中。当消费者再次产生购物需要后，在信息搜索过程中，如果某个外来标记与记忆中的商标标记相同，则外来商标标记便可以将记忆中已经形成的以商标为中心节点的网络激活，消费者便可将先前形成的与记忆中商标密切相关的商品信息匹配至该外来标记之下，从而迅速地做出购买决策，提升购物效率、节约购物成本。这个外来标记与记忆网络匹配的过程就是商标识别功能发挥的过程。由此，商标侵权就是侵权人通过使用与商标权人近似的商标的方式，使消费者在购物时将侵权商标与记忆中已经形成的商标权人的商标发生混淆，从而将记忆网络汇总已经形成的记忆网络错误地匹配于侵权商标之下，各类商标信息包括商品的生产者、商品质量，甚至过去的购物体验等都被侵权商标所霸占，从而造成识别上的错误。所以商标侵权的本质是对商标识别功能的破坏。

  从消费者行为学角度也可以对商标的品质保障功能进行分析。如上文所述，商标的品质保障功能本质上是激励生产者努力维持商品的品质。消费者决策的最后一个步骤售后评价与商标的品质保障功能关系密切。消费者在使用商品后会对商品质量、生产者、经营者服务等信息以商标为中心节点形成联系网络，以此为下一次购物决策提供依据。优质的消费体验会让消费者对商品做出积极评价，使消费者在面对相同商标的刺激时做出同样的购物决策。而对商品所做的负面评价，则会使消费者在下次购物时尽量避免再次购买该商品。但是，生产者所生产的商品的质量、价格及提供的服务等因素均不是一成不变的，其会受到包括生产者生产战略、生产态度、经济乃至政治因素等多方面的影响。低品质的商品可能通过生产者的改良成为高品质商品，原本高品质的商品也可能因为某些原因出现质量下降的情况。当消费者基于原有的记忆网络做出购买原本具有较高品质的商品后，由于商品本身的质量下降，给消费者带来从未有过的对该商品的负面评价，该评价会作为一个新的与商标这一中心节点相联系的节点被设定于记忆网络之中，如果生产者不及时提高其商品的质量水平，会使消费者记忆网络中的负面评价越来越多，当其积累到一定程度时，便会彻底改变对这一品牌的评价，甚至将其作为消费决策时的负面依据，不会再购买该品牌的商品。由此，生产者只有将其提供商品的水平始终维持在稳定状态内，才能保证消费者以该品牌的记忆网络保持稳定，从而为消费者每一次购物行为做出相同购物决策提供支持。这就解释了消费者行为学对商标的商品保障功能发挥的意义。

2.3 混淆可能性作为商标侵权的判断标准

综合本章，笔者通过将消费者行为学与传统商标法理论结合的交叉研究方法，探析了消费者行为学视角下，商标形成与商标功能的本质。商标形成与商标功能是将混淆可能性确立为商标侵权判断标准的重要理论基础。一个完整的消费过程始于消费者受到的对外来信息的刺激，外来信息激发了消费者的需要和消费动机，消费者在消费需求和消费动机的激发下，更加努力地收集各类购物信息，为消费决策的做出提供素材，最后基于消费决策实施购买行为。消费者在对所购买的商品进行使用后，会得出相对应的经验感受，这些经验感受通过学习被存储于人的记忆网络中，为下一次购买决策的做出提供素材。需要注意的是，整个消费行为的发展不是一个单向性不可逆的过程，且不同类型的消费心理之间（如知觉会受到记忆的影响、决策的售后评价会改变记忆网络、感知觉能够激发需求而需求也会改变人的感觉和知觉的阈限等）均具有紧密联系。

消费者认知过程中的感觉、知觉、学习和记忆等心理过程是消费者认知和获取消费信息的基础。这些心理过程以人的生理机能为基础，为消费者认识商标并完成消费行为提供了条件。同时这也是商标得以形成的前提保障，因为不能够被消费者认知的标记无法成为商标。但由于感觉、知觉、记忆是依赖于人的生理机能所产生的心理活动，加之人所感知的外来刺激的多元化，不可避免地造成消费者心理认知的偏差，这种偏差最终会造成消费者对商标的混淆。而基于刺激泛化所引起的消费者对商标的认知偏差，导致侵权人热衷于通过使用与权利人近似的商标进行经营进而达到获取丰厚利润的目的。因此，需要将混淆可能性作为商标侵权标准对商标侵权行为进行规制。

　　同时，商标识别来源功能是商标的本质功能，一个不具备识别功能的标记不能被称为商标。从消费者心理学角度出发，商标的识别功能就是通过外来刺激，冲击消费者业已形成的记忆网络，继而将先前购买决策被执行后所获得的购物经验运用于以后的购物活动中，提高购物效率。侵权人可以通过使用与权利人近似的商标，使消费者将这一外来刺激与记忆网络中的商标节点产生混淆，从而做出错误的购物决策。将混淆可能性标准作为商标侵权的判断标准能够有效地避免混淆的发生，防止商标功能遭到破坏。

3 混淆可能性理论发展的历史进程

3.1 混淆可能性理论的起源——欺诈原则的适用

当今时代,混淆可能性理论已成为现代商标法学体系中的基石性理论。但从商标制度的发展历程上看,对商标之保护并非自开始就遵从混淆可能性的保护原则,欺诈原则曾长期作为商标保护的基本原则活跃于商标保护的历史上。信息理论是欺诈原则得以存在的理论基础,信息理论认为,由于商业标记增加了向消费者输出的信息供给,并因而提高了市场效率,降低了消费者的搜索成本,所以商业标记对公共利益有利❶。应当指出的是,无论是我国古代还是工业革命前的西方社会,均存在重"招幌"而轻"商标"的现象。其原因在于,当时还没有大规模的流动销售商品的商业活动❷。正如西方在早期商标保护实践中始终坚持,仅仅是某一商标的最先使用者,也不保证该商标所有人能获得比其姓名或酒馆标记更多的财产利益或者垄断地位❸。

随着工业革命和社会分工的出现,贸易市场范围不断扩大,直接导致了生产商与消费者之间的距离扩大。此时,消费者所掌握的商品信息远少于生产商的信息,而商标恰好能够在一定程度上弥补由这种信息的不对称而引发的市场交易效率低下的弊端。因为商标就是一种厂商用来向消费者传递商品信息的符号,也是消费者用来识别商品的重要工具❹。正如黄晖博士指出的,商标作为商业信息的压缩文件,实际上起到简化购物过程的作用,而且,随着消费者越来越熟悉和信任某一商标所传递的信息,就会形成品牌忠诚❺。因此,出于对信息传播功能的维护,在19世纪中叶前,在英国,对"虚假陈述"的规制主要通过运用普通法对欺诈予以惩罚,以

---

❶ 余俊.商标法律进化论[M].北京:华中科技大学出版社,2010:89-90.

❷ 郑成思.知识产权法[M].2版.北京:法律出版社,2002:40.

❸ 同❶:87。

❹ 王太平.商标法原理与案例[M].北京:北京大学出版社,2016:7.

❺ 黄晖.商标法[M].2版.北京:法律出版社,2014:3.

及在非疑难案件中通过衡平法为普通法提供补充。二者都是对一方冒用他人商标的行为予以干涉❶。衡平法与普通法相比的最大优势是实施"禁令救济",二者共同以欺诈为前提条件对商标进行保护。普通法所关注的是已经发生行为及其造成的损害,这需要对被告的主观意图加以考察,而衡平法关注的是未来发生的行为。当侵权人继续使用某一标志将导致公众受到欺骗时,则可对该行为施以禁令。

作为商标侵权判定标准的欺诈原则,本身在适用上也经历了一个变化的过程,随着司法实践的不断深入,判例对欺诈的认定标准也有所不同。此时,商标权人并不能获得类似今天商标权这样的垄断性权利,对其权利的维护必须基于侵权人冒用商标的行为。而对冒用行为的具体判断,则需考虑其"主观故意""侵害性"和"虚假陈述"。如在"JG v. Samford"案、"Singleton v. Bolton"案中,对被告冒用行为严格考虑了上述三个因素。而在19世纪20年代后的包括"Sykes v Sykes & Another"案、"Blofield v. Payne"案、"Millington v. Fox 案"在内的诸多案例中,不仅能够体现欺诈是判断商标侵权的重要考虑因素,而且在个案中法院对于上述三个因素的判断呈现出扩张的趋势。直至19世纪中叶前,欺诈原则始终是判定商标侵权的核心原则,法官们在审判活动中均努力捍卫着该原则作为商标侵权的判断标准。

3.1.1 欺诈原则的严格适用

发生于1618年的第一个普通法案例"JG v. Samford"案中❷,原告为英国布商,其布料制品在业界受到消费者的广泛欢迎,原告在其布料制品上使用含有字母J.G和打褶机手柄的标记,并销往英格兰各地。被告为获得

---

❶ 此处原文是:At mid-century, the most significant laws regulating misrepresentation in trade were the action on the case(it seems, for deceit)at Common Law, and Equity's intervention by way of injunction in support of the Common Law right in plain cases. Both regimes were premised on the idea that he courts should intervene where one trader fraudulently used a mark associated with another.

❷ 有学者称由于该案未被载入案例,所以后世学者对本案中原告的身份存在争议。部分学者认为本案的原告为商品的购买者,另外一些学者认为原告为商标权人。但是郑成思教授在其《知识产权法》(第二版)第160页提到该案是第一个经法院判决的,保护商品提供者专用标识的案例。并在该处做脚注指出该案源于Ricketson 著 *The Law of Intellectuel Property*,1984年版第532页。

不法利润，在其生产的布料制品上也使用了与原告一样的 J.G 字母和打褶机手柄标记。买方基于对原告产品的信赖购入了被告销售的布料，后发现质量根本无法与原告相比。原告以销量受损为由提起诉讼，主审的四位法官中有两位认为，冒用他人标记是损害他人的非法行为，而另两位法官则认为，无论商标使用人使用何种标记均为合法❶。该案最早记载于波帕姆（Popham）的报告中，却遭到了质疑。例如，富兰克·斯凯特（Frank Schechter）在其《与商标有关的法律的历史功能》一书中讲道，波帕姆报告仅仅是记录了该案件的 5 个报告中的一个，除了波帕姆报告外，其他报告并没有提及这个服装商的案件，至少有一个报告指出，受到欺骗的是消费者而不是生产商。但是该报告对英国商标法律的发展仍旧产生了很大的影响，事实上 17—19 世纪，许多英国法官在对案件进行裁判时都是依据波帕姆报告中的案例，即当以欺骗的方式（sounding in deceit）使用他人商标时，将要受到惩罚❷。

第一个有记载的普通法判例为 1783 年发生的"Singleton v. Bolton"案❸，原告长期生产并销售由其父亲生前发明的名为"约翰逊博士黄色软膏"的药物，被告也在某种其销售的药物上使用与原告相同的标记。普通法院认为，因为原告和被告均以原告父亲即发明人的名义进行销售，因此，被告使用与原告相同的标记生产销售自己的药品不存在欺诈。相反，如果被告以原告名义销售标记自己的药品则构成欺诈。最终本案因不存在欺诈而被法院驳回❹。

---

❶ LIONEL BENTLY. From Communication to Thing: Historical Aspects to the Conceptualisation of Trade Mark as Property'in G DINWOODIE and M.JANIS（eds.）. Trademark Law and Theory: A Handbook of Contemporary Research 5 ［M］. Cheltenham: Edward Elgar, 2008: 5.

❷ 原文是: In fact, several English judges deciding trademark cases in the eighteenth and nineteenth centuries relied on Popham's report of the case for the proposition that cases based on use of another's mark could be brought as actions on the case, sounding in deceit.

❸ 该案在亨利·拉德洛和亨利·杰肯斯合著的《论商标和商号》一书中称，该案是真正重要的被记载的案例。关于本案的分析请参看: 余俊. 商标法律进化论 ［M］. 北京: 华中科技大学出版社, 2010, 77。

❹ 余俊. 商标法律进化论 ［M］. 北京: 华中科技大学出版社, 2010: 77.

第一个衡平法判例为"Blanchard V. Hill"案。该案发生于1742年❶，原告以其"大莫卧儿"商标获得了"扑克牌制造商公会"特许为由，要求法院禁止被告使用该商标。主审法官认为，法院不得颁发禁令以阻止商人使用与他人相同的标记，总检察长援引"JG v. Samford"案的先例，要求法院颁发禁令，但最终法院仍坚持了自己的看法。本案中原告的请求没有得到支持，"JG v. Samford"案没有获得遵从的真正原因在于，法院认为，原告获得的"扑克牌制造商公会"的特许构成了非法垄断，故没有颁发禁令。哈维克（Lord Hardwicke）认为，特许是违法的，法院永远不要仅仅依据来自王权的特许设立这类特许的权利，除非它被写入法律❷。事实上，这个案件不应将其纳入竞争者使用商标的案件类型，哈维克法官在本案中所关注的原告基于特许令获得的垄断性权利，事实上法官对本案中原告的诉求与"Singleton v. Bolton"案件中服装生产商的诉求进行了区分，与原告在本案中对"大莫卧儿"商标没有使用的权利不同的是，在"Singleton v. Bolton"案件中，被告在质量差的服装上使用了欺诈的设计（fraudulent design），使原告损失了消费者。当被告想要将其商品作为原告商品使用时，禁令可以被启用。

3.1.2 判例对欺诈原则的捍卫

除上述案例外，兰代尔（Lord Langdale）法官始终坚持在处理商标侵权案件时遵循欺诈原则。在1836—1851年作为上诉法院院长期间，基于衡平法做出了5个判决，以支持普通法上对"欺诈"的规制。第一个案例为1836年的"Knott v. Morgan"案❸，兰代尔给一家长途车公司模仿原告公司的标记"LONDON CONVEYANCE COMPANY"的行为发出了禁令。第二个案例为1842年的"Perry v. Truefitt"案❹，兰代尔拒绝为一位美发师在其销售的发精油上使用的"Perry's MEDICATED MEXICAN BALM"标记提供救济，以对抗其竞争对手在产品上使用的"TRUEFITT'S MEDICATED MEXICAN BALM"标记。第三个案例为1843年的"Croft v. Day"案❺，其

---

❶ 参见：（1742）2 Atk. 484（Ch.），26 Eng. Rep. 692.

❷ 此处原文是：The court would never establish a right of this kind, claimed under a charter only from the crown, unless there had been an action to try the right at law.

❸ 参见：（1836）2 Keen 213 at 220.

❹ 参见：（1842）6 Beav 66.

❺ 参见：（1843）7 Beav 84.

给一个名为"Day"的黑色鞋油制造商颁发了禁令，以防止其侄子以同样的名字"DAY AND MARTIN"销售黑色鞋油。第四个案例为"Franks v. Weaver"案❶，原告有权禁止被告在其出售的药品上使用与原告使用的"FRANKS' SPECIFIC SOLUTION OF COPAIBA"标记相似的"CHEMICAL SOLUTION OF COPAIBA"标记。最后一个案例为"Holloway v. Holloway"案，其告诫被告不要在其销售的药物的盒子上使用与原告"HOLLOWAYS PILLS AND OINTMENTS"标记相近似的"H.HOLLOWAY'S PILLS"标记。对于上述五个案例，兰代尔均依据衡平法之欺诈对案件进行了干预。在"Knott v. Morgan"案中，兰代尔指出，核心问题在于判断被告是否以损害贸易为目的欺骗性地模仿了（fraudulently imitated）原告使用的商标❷。

在"Perry v. Truefitt"案中，兰代尔指出，其不认为仅仅依靠标记或者名称就能够获得财产利益，但他认为任何人没有权利以欺诈为目的使用他人的标记和名称，并且以不当的方式增加自己贸易的吸引力，使该标记或者名称不能指示其本应指向的第一使用或者独自使用的人❸。在"Croft v. Day"案中，兰代尔再一次解释道，任何人都没有权力将自己的商品当作别人的商品进行出售，这是一种严重的欺诈，是一种犯罪❹。鉴于被告使用了与死者相同的名字"DAY"，兰代尔重申，法律进行干预的基础不是特

---

❶ 参见：(1847) 10 Beav 297.

❷ 参见：LIONEL BENTLY. "From Communication to Thing: Historical Aspects to the Conceptualisation of Trade Mark as Property." 此处原文是：the question was whether "the defendant fraudulently imitated the title and insignia used by the Plaintiffs for the purpose of injuring them in their trade", and he found it had.

❸ 此处原文是：he indicated that he did not think "a man can acquire property merely in a name or mark"; but he had "no doubt that another person has not a right to use that name or mark for the purposes ofdeception, and in order to attract to himself that course of trade or that custom which, without that improper act, would have flowed to the person who first used or was alone in the habit of using the particular name or mark."

❹ 此处原文是：he explained again that "no man has a right to sell his own goods as the goods of another" for "it is perfectly manifest, that to do [so] ... is to commit a fraud, a very gross fraud".

殊的名字或者表达，而是出于对抗欺诈❶。在"Franks v. Weaver"案中，主审官认为，这种"狡猾的改编"是一种欺诈，将其定义为不可定义的概念，因为其具有多变性。在"Holloway v. Holloway"案中，被告无权在药片上加注自己的名字，以欺骗公众，使公众相信其为"Holloway's pills"的销售者，法律保护公众远离欺诈❷。兰代尔以欺诈作为裁判商标案件的原则，后被威廉·伍德（William Page Wood）法官所接受。在"Collins Co. v. Brown"案中，一位来自Connecticut的工具制造商起诉被告模锻其制造的工具，被告争辩认为原告不具有财产权，伍德法官指出，商标上不具有任何财产利益，但是权利人有权对使用他人商标的欺诈行为进行阻止，任何成员国都会对欺诈行为予以规制❸。

从上述案例可以看出，无论是兰代尔还是威廉·伍德，关注点主要在于侵权人是否实施了侵犯他人商标的行为，此时的侵权行为仅指仿冒他人商标的行为，即判断侵权人是否故意冒用了他人商标是判定商标侵权的起点。

3.1.3 欺诈原则适用的扩张

尽管衡平法与普通法在阻止欺诈的问题上相适用，但是在科特纳姆（Lord Cottenham）法官的"Millington v. Fox"案中，其理论问题被首次提出。该案也是对严格适用欺诈原则裁判商标侵权案件的扩张。该案中，原告为一家名为"The Crowley Works"的知名工厂，在其销售的钢铁上使用了"CROWLEY, CROWLEY MILLINGTON and I.H"标志。被告在其生产和销售的钢铁上也使用了该标记，但同时添加了自己的标记"FOX BROTHERS"，原告就此提起诉讼要求获得赔偿。被告辩称，Crowley一

---

❶ 此处原文是：Given that the defendant shared the name Day with the deceased, Lord Langdale re-iterated that the basis of intervention was not "any exclusive right... to a particular name, or to a particular form of words" but a right "to be protected against fraud.

❷ 此处原文是：while noting that the defendant was perfectly entitled "to constitute himself a vendor of Holloway's pills", "he has no right to do so with such additions to his own name as to deceive the public and make them believe he is selling the Plaintiff's pills": the "law protects persons from fraudulent misrepresentations".

❸ LIONEL BENTLY. From Communication to Thing: Historical Aspects to the Conceptualisation of Trade Mark as Property. University of Iowa Legal Studies Research Paper. Number 07-31.London, 2007: 12.

词与"faggot"❶同义,并无法将制造者区分出来。同样的,CROWLEY MILLINGTON 也被指代为一种钢材的名称,该观点也得到了证人的支持。最后法官仍颁发了禁令,虽然被告不存在欺诈。法官认为,没有证据能够证明 CROWLEY,CROWLEY MILLINGTON 已经成为技术性用语,但是有充分的证据可以证明,它们被广泛使用着,会被用于描述钢材的特殊性能。简而言之,我看不出在使用该标志的过程中存在欺诈,但在这种情况下不能剥夺原告使用这个标志的权利❷。该案表明,即使在没有欺诈的情况下,原告仍然可以寻求赔偿,这表示衡平法发生了扩张,这种扩张也带来了原则性的问题,即在是否适用欺诈原则这个问题上衡平法与普通法存在着冲突,并且在此时 Millington 案并未获得权威认可。

在"In Perry v. Truefitt"案中,兰代尔就对 Millington 产生怀疑,其认为,之前并没有案例在这之前贯彻了这一原则。同时,在"Edelsten v. Vick"案中,威廉·伍德认为,必须引发了对公众欺骗,法院才能给予干预。但是,Millington 并未被过度制约,到了 1860 年以后,逐渐得到人们的认可。最终,在"Leather Cloth v. American Leather Cloth Co."案中,威廉·伍德认为,Millington 案中与衡平法基于欺诈的不一致只是一种表象,即使被告在使用某一特定标记之初是无辜的,但是当衡平法院判定办法禁令时,被告不可能再声称一无所知,如果此时再允许被告使用该标记,则会误导消费者,已经与欺诈无异❸。普通法所关注的是已经发生行为及其造成的损害,这需要对被告的主观意图加以考察,而衡平法关注的是未来发生的行为,通过事实证明,继续使用某一标志将使公众受到欺骗,足以发生欺诈。

综上所述,自 1618 年"JG v. Samford"案始,到 19 世纪中期,确立了

---

❶ 有学者将其翻译为"束铁"。参见:余俊. 商标法律进化论 [M]. 北京:华中科技大学出版社,2010,83.

❷ 此处原文是:there is no evidence to shew that the term "Crowley" and "Crowley Millington" were merely technical terms, yet ther is sufficient to shew that they were very generally used, in conversation at least, as descriptive of particular qualities of steel. In short, it does not appear to me that there was any fraudulent intention in the use of the marks. That circumstance, however, does not deprive the Plaintiffs of their right to the exclusive use of those names.

❸ 余俊. 商标法律进化论 [M]. 北京:华中科技大学出版社,2010:91.

以欺诈为标准的商标侵权判断标准。这一时期，英国开始通过普通法和衡平法对商标进行保护。这个阶段还没有现代意义上的商标法，只是基于信息传播理论，以打击不正当竞争为目的，对冒用他人商标的行为进行规制，以维护商标权人的利益。虽然在19世纪以后，衡平法对欺诈原则进行了突破，如在"Millington v. Fox"案中，在缺乏欺诈的前提下，法院仍颁发了禁令。但是，在"无欺诈却侵权"的表象下，仍然保留了欺诈标准下的思维过程，即以维护信息传播的可靠性为基础，以是否存在主观欺诈为前提，考察被告是否通过冒用原告商标的行为，获得了经济利益，同时使原告利益受到损害。之后随着商标财产性理论的兴起，信息传播理论的衰落，由此开始了商标侵权标准由欺诈原则向混淆可能性标准的跨越。

3.2 混淆可能性理论的发展——经由判例被确认

工业革命使物质的生产和交易方式发生了很大变化，商人出于维护自身利益的考虑，认为以信息传播理论为基础的欺诈原则已不能满足对其商标权的保护。将商标作为独立的财产权进行保护的呼声日益高涨，特别是在当时作为英国工业中心的谢菲尔德（Sheffield）的商人们，对将商标作为财产权保护具有极高的热情。1862年，随着"谢菲尔德法案"的提出，首次将商标能否作为财产权进行保护进行了讨论。后来由于欺诈原则适用得根深蒂固，该法案并未得以通过，但是仍不失为后世对商标财产化保护迈出了重要一步。随着人们对商标性质和功能认识的不断深入，将商标作为财产加以保护的理论越来越得到人们的认可，由此基于财产保护理论而生的混淆可能性标准逐步发展出来。

3.2.1 英国《商标法》上混淆可能性的确立

混淆可能性是以商标财产化保护作为理论基础的。"谢菲尔德法案"作为"商标财产化保护"划过夜空的第一缕光芒消逝后，司法界开始认识到，对商标进行财产化保护，赋予权利人排他独占权，才能在根本上达到保护商标权人的目的。1862年的"Cartier v. Cartier"案[1]，主审法官认为，模仿人模仿他人商标的原因在于想要窃取特定商标所附加的竞争优势，而该商标是其所有人的私有财产。该案第一次使商标作为财产获得了保护。

---

[1] 参见：Cartier v. Cartier（1862）31Beav 292. 转引自：余俊. 商标法律进化论[M]. 北京：华中科技大学出版社，2010，91.

3 混淆可能性理论发展的历史进程

1862年的"Edelsten v. Edelsten"案❶，则正式将混淆作为判断商标侵权的标准。本案中被告在其自己生产的铁丝上使用了原告的船锚标志，一审法官以欺诈为由对被告颁发了禁令。二审法院认为，本案的争议焦点在于：原告是否对商标享有财产权，如果享有财产权，则要看被告的标记与原告是否相同，并且被告在使用该标记时是否知晓原告的权利。证明被告欺诈或者原告信誉因被告销售次品受损不再是禁令救济的必要条件。被告造成原告客户减少即满足原告获得赔偿的前提❷。

1863年的"Hall v. Browen案"则是司法实践中商标权财产化的更深层次的探索，它彻底解决了"谢菲尔德法案"中争议最大的商标转让问题。在"谢菲尔德法案"讨论的时代背景下，受信息传播理论下欺诈原则的影响，人们始终认为商标不是财产，如果将商标作为财产允许出售，则会带来危险。因为愿意购买某一商标的人正是基于该商标指示的商品的高价值。而"Hall v. Browen"案则对商标转让问题进行了深入解释，该案原、被告就享有盛名的"B.H.H和皇冠图案组合而成"的标记能否进行转让产生了争议。如果根据"谢菲尔德法案"讨论的思路，该标记无法进行转让，正如在讨论案中有人提到的，商标仅仅是来源的担保，如果将商标作为可以买卖的商品，他就连来源担保也不是了❸。

商标是一种表明特定事实的标记，即它代表特定地域，由特定商人或企业生产的产品，如果改变产地或生产商，标记就被破坏了❹。坚持商标不得作为财产进行转让者所持观点的理论基础在于，商标本身无法对源于某一地域的商品的质量提供担保，其所保证的是商品的来源。也就是说，商标所指向的是其所依附的商品的真正生产者，它为消费者直接传递了生产者的信息，如果商标被转让到生产者以外的主体手中，则其传递的信息便会受到歪曲。但是在"Hall v. Browen"案中，主审法官则认为，商标仅仅在开始的时候标记了其生产者，随着标记被使用，标记转变为被市场认同的表明商品质量的标记，此时的商标不再指示其最初的生产者。主审法官

---

❶ 参见：Edelsten v. Edelsten. (1863) 1 De G.J.&S.185. 转引自：余俊.商标法律进化论[M].北京：华中科技大学出版社，2010，92.

❷ 余俊.商标法律进化论[M].北京：华中科技大学出版社，2010：92.

❸ 参见：Select Committee, Q.2665.

❹ 参见：Select Committee on Trade Marks Bill: Report, Proceedings, Minutes of Evidence, Appendix, Index 1862 (212), Parliamentary Papers 431.

在其裁决意见中写道❶："我的裁决意见是，商标的专有使用权属于合伙财产，并且可以作为一项有价值的权利与业务和产品一起出售。"通过该案，充分厘清了商标与标记的区别，对商标和商标标记进行了区别，摒弃了讨论案中认为的商标仅仅作为来源担保的功能的观点，将对商品品质的担保作为其又一重要功能，使其从指示生产者的标记向作为指示商品品质的商标过渡。

至此，从"Hall v. Browen 案"的裁判开始，在英国商标开始被作为财产性权利受到保护。随着以财产权方式对商标进行保护，是否存在欺诈已不再是判定商标侵权时必须考虑的问题，欺诈仅仅是判断被告是否侵犯原告财产权利的一个判断因素。这也在真正意义上与我们今天商标法中，混淆可能性判断标准体系下对于主观故意因素的判断形成了一致。我国实务界认为，商标法上认定商标侵权时，通常不考虑主观状态❷。由此，商标侵权意味着对他人绝对权利的侵犯，形成了以消费者为中心的混淆可能性标准。

3.2.2 美国《商标法》上混淆可能性的确立

随着将商标权作为财产性权利加以保护，混淆可能性成为判定商标侵权的标准。而对该标准的适用经历了由严格到扩张的过程。美国的司法实践，清晰地反映了商标侵权判断标准"欺诈原则—混淆可能性标准的确立—混淆可能性标准的扩张"的历史进程。

纵观美国商标法之发展历程，与英国一样，均经历了由欺诈原则到混淆可能性原则，由信息传播理论向财产保护理论的过渡。在"Coats v. Holbrook"❸案中，法院认为，任何人不得仿冒他人商品，并且在未经他人同意的情况下欺骗性地使用他人的名称，否则将会给他人利益带来损害的。正如 Francis Upton 在 1860 年撰写的论文中提到的，商标之所以能够保证人们获得利益，其原因在于其所承载的企业信誉以及生产者的技能优势❹。有学者将其称为"通过非法贸易转移从而对生产者造成侵害。"❺笔者

---

❶ 余俊.商标法律进化论［M］.北京：华中科技大学出版社，2010：94-95.

❷ 王太平.欧盟商标法上侵犯商标权的判断标准［J］.知识产权，2014，11：244.

❸ 参见：7 N.Y. Ch. Ann. 713 (1845).

❹ 参见：UPTON, supra note 32, at 2.

❺ MARK P. MCKENNA. The Normative Foundations of Trademark Law[J]. 82 Notre Dame L. Rev, 2007, ：1839-1859.

3 混淆可能性理论发展的历史进程

认为,这里所谓的非法转移贸易即是指竞争者通过在自己的商品上使用与商标权人相同的商标,使购买者发生混淆,从而客观上造成了商标权人客户的流失。而法律提供保护的基础则是商标的财产属性。实际上美国法院很早就注意到,在这些案件中对于商标的保护都是基于其财产性,这与英国衡平法上的裁判标准是一致的[1]。

由于商标法通过禁止竞争者非法转移贸易的方式保护商标权人的利益,其在很长的一段时间里被作为竞争法的扩展性法律[2]。但也有观点认为,商标法不是竞争法的扩展,而是两个法律分支的合并。起初,商标的案件仅仅是基于相似性原则,禁止任何人在其商品上使用他人的商标。Herbert Spencer[3]在其论文中称,假冒他人商标是有违商业道德的。有学者指出,商标侵权是不正当竞争的一种形式,因为通过仿冒他人的标记可以轻松地摧毁其生产者通过该标记建立起来的贸易关系。

非法转移贸易的表述贯穿了商标法和不正当竞争法之中。19世纪美国法院开始对不正当竞争的态度产生了新的变化,将商标分为用来保护商标侵权行为的技术性商标(technical trademarks)和用于防范不正当竞争的商业名称标记型商标(trade names)。臆造型的标记通常被认为是技术性商标,而诸如姓名、地理名称等描述性标记的被认定为商业名称标记性商标。而在英国法院对这样的分类做出了更为准确的分类,对于原告能够证明其具有商标所有权的案件,衡平法可以在无证据证明欺诈意图的前提下责令冒用商标者停止使用商标。对于那些原告不能证明其对商标的所有权的案件,法院不能直接发出禁令,除非原告能够证明被告仍在实施非法贸易转移的行为。在实际判例中,使用他人技术性商标在请求对其实施禁令时,无须证明被告的主观意图。而使用商业名称标记型商标的,可能存在无主观侵权意图的情况,如对地理名称的描述。但是,无论是商标侵权问题还是不正当竞争问题,其共同指向的均是非法的贸易转移。

早期美国商标法更加关注对商品的制造者、生产商的保护。有学者指

---

[1] ADAM MOSSOFF. What is Property? Putting the Pieces Back Together [J]. 45 ARIz. L. Rev, 2003,: 371-419.

[2] OLIVER R. MITCHELL. Unfair Competition [J].10 HARv. L. REV. 1986, 275: 275.

[3] 赫伯特·斯宾塞(Herbert Spencer, 1820年4月27日—1903年12月8日),英国哲学家、社会学家。他为人所共知的就是"社会达尔文主义之父",所提出一套的学说把进化理论适者生存应用在社会学上尤其是教育及阶级斗争。

出，商标对于生产商、经销商和公众（manufacturer-the merchant-and the public）具有不可估量的价值，但同时指出，对公共利益的保护仅仅是第二价值追求。如在"Boardman v. Meriden Britannia Co."❶案中，法官认为，法律对商标的保护基于两层含义，第一层含义是保证进入市场的商品能够有更高的质量，第二层含义是对于使用某个标识的商品，保证其来源的真实性。这样导致的结果是，凡侵犯商标权的行为均造成了两种后果，即一种是商标权人因他人擅自使用，而未获得本应获得的经济利益，第二种是使购买者在购买某人商品时，误认为是他人商品。在这期间，美国法院对待各类案件最主要关注的是生产者的贸易转移问题，偶尔会考虑到消费者的问题❷。由于人们认为商标法和不正当竞争法都解决的是竞争对手假冒他人标记的问题。因此，在这个前提下去探讨消费者和生产商应当以何者作为立法保护的出发点就显得不是那么重要了。法院在进行裁判时均会采用同样的标准，这就导致了商标法和不正当竞争法在处理生产商和消费者关系时应适用何种原则，即立法应以何者利益为出发点问题的出现。还有一些法院在裁判时，强调保护生产商利益的同时还会声明商标法主要关注的是对公共利益的保护。这种现象一直持续到20世纪中期，法院开始对法律设定的目标即保护生产者是否应向保护顾客（consumer）转移的问题展开讨论。

随着商标法和不正当竞争法趋向于保护顾客，法院试图在裁判中使用混淆标准进行裁判，即使这种混淆不能必然使原告受到损失。此时欺诈已经不能够成主张商标侵权一方获得赔偿的条件，除非其能证明混淆与经济损失之间存在某种关系。这与前文所述的"Leather Cloth v. American Leather Cloth Co."案一致，欺诈已不再是确认侵权的标准，出于对顾客的保护，混淆可能性标准在美国确立。例如，"In New York & Rosendale Cement Co. v. Coplay Cement Co."案❸，法院未禁止被告在其水泥产品上使用"Rosendale"商标，尽管被告有欺诈行为，并且这种欺诈是可受谴责的。法院认为，毋庸置疑，出售假冒他人标记的商品是违法行为，应当予

---

❶ 参见：35 Conn. 402（1868）.

❷ 参见：Newman v. Alvord, 51 N.Y. 189（1877）. The only one of the cases cited by Coddington that even mentions a benefit to consumers, and it makes consumer benefit a secondary valu.

❸ 参见：44 F. 277（C.C.E.D. Pa. 1890）.

以干预。但是原告绝不是该地区唯一的生产水泥的厂商，法院不能认为，被告试图将其生产的产品作为原告的产品出售，这会遭到该地区其他水泥生产商的反对。如果一个人试图阻止他人使用自己的标记，就应当证明其对该标记具有财产权利，仅仅证明与他人共有该项权利是远远不够的。

时至20世纪，商标法的范围得到了空前的发展。尽管如此，商标法尚无法对其以消费者为中心到以产品为中心的转化进行描述。传统商标法将保护生产者和保护财产权利作为立法的重点。随着现代商标法律的创新，需要一种新的保护模式，如果说早期的判例是保护生产者免受因非法转移贸易而使其原有客户流失带来的损失，现代商标法则对品牌的保护有着更深的解读。造成这种变化的原因主要是：首先，传统商标法的立法基础是建立在19世纪由生产者销售仅在本地销售自己商品的商业模式上，而到了20世纪，随着生产者商品供应的多样化和销售地域的扩宽，隐藏的问题便呈现出来。20世纪早期，商标法仅对相近行业的竞争行为进行规制。这就导致了，在这个时期，法院因受到社会和经济的压力，扩大了其对商标法意义上善意的理解。其次，在此期间，商标法和其所保护的财产受到了财产权理论的冲击，由于这期间财产权理论的发展，商标法被认为是一种调整垄断行为的法律。事实上，在历史上就有对商标法保护内容的争论，认为赋予某人商标权就是赋予其一种垄断性的权利，从某种意义上讲，商标法关注竞争的结果是非常合理的。不正当竞争法规制竞争者之间"盗取"消费者的行为，从市场经济的实证上说，竞争的实质就是对竞争对象的客户的"盗取"。

法院在司法实践中认识到了商标法和自由竞争之间潜在的斗争关系，法院将竞争关系区分为诚实竞争与非诚实竞争。对于诚实竞争商标法不对其进行干涉，而对非诚实竞争导致的侵权行为进行规制。事实上，只有当消费者对被告产品的真实来源可能产生混淆时，法院才能判定其侵权。欺骗消费者使其认为其获得了实际并未获得的商品仅仅是贸易分流的一种形式。竞争者可以通过多种方式吸引顾客，但其不得作为不正当竞争被予以规制。对商标保护能够创造新的市场活力，批评家们认为商标法不再能满足需要。经济学家指出，商标保护将引发广告资源的浪费，这会使生产者的产品因非理性的情感反应而受到区别对待，而非因产品的质量。商标权的支持者们通过对商标权的权利限制回应对垄断的担忧，他们认为，通过阻止商标混淆，法律能够促进竞争和使消费者获得利益。在此观点的影响下，法院也认识到对商标权进行保护可以使消费者获得利益。法院逐渐接受消费者保护理论，开始将消费者保护与商标保护进行融合。商标法已经转向对顾客的保护，虽然法院仍然保持了传统商标法的结构，但是去除了商标法对商标权范围的限制的内容，"善意""混淆可能性"成为商标法扩展的工具。

如前文所述，传统商标法意在禁止同行业中盗取其他竞争者顾客的行为。生产者的财产是通过其所控制的市场决定的。因为传统商标法认为，财产是商标所有人的商业而不是商标本身。基于这样的定义，法院认为，商标权是指在特定贸易活动中，商标所有人所享有的排他性地使用商标标记的权利。如果被告并未直接与原告展开竞争，即使是被告使用了与原告相同的标记，法院也不会认定其为侵权。例如，在"Borden Ice Cream"案中，法院认为，被告在冰激凌上使用"Borden"标记的行为并未侵犯原告在牛奶上使用"Borden"的权利。因为，不正当竞争法所保护的是让商事主体避免贸易分流，不正当竞争存在的前提应当是某种竞争关系的存在。如果缺乏竞争，原告就不能主张被告通过使用其标记分走了自己的消费者。

随着经济的进一步发展，生产者进入了更为广阔的市场，法院渐渐放弃了坚持竞争关系的存在，这一变化体现了商标权利范围的扩展，商标权人可以主张商标侵权。1905年，美国商标法将侵权定义为被告在大致相同的财产上使用相同或者近似的标记。而不再将存在竞争关系作为侵权成立的前提条件。

在"Aunt JemimaMills Co. v.Rigney & Co."案中，法院允许薄煎饼的制作者使用其AUNT JEMIMA'S标记，并阻止被告在煎饼糖浆上使用相同的标记。法院认为，没有任何一个人可能会想到糖浆可以被做成面粉，这些产品具有一定关联，以至于应被列入损害赔偿的范围。因为公众有理由相信，被告的糖浆是原告制造的，被告将原告的商誉把握在自己的手中，如果某个消费者对糖浆的质量不满意，则其会对原告薄煎饼的质量产生消极的看法。随着1946年《兰哈姆法》的通过，在该法框架下，商标所有人无须证明与在后使用人有直接的竞争关系，也无须证明在后使用人的产品存在相近的市场。取而代之的是，法院对《兰哈姆法》做出解释，存在潜在联系的商标权人与在后使用人之间的任何能够产生混淆可能性的商标使用行为构成商标侵权。被控混淆不仅包括了对在后使用者的来源的混淆，也包括了商标权人与在后使用人之间存在的关联关系（affiliation with）。由此，在美国，随着1946年《兰哈姆法》的颁布，以顾客为中心的混淆可能性标准彻底取代欺诈原则，并同时使商标法打破了不正当竞争法的桎梏，成为独立领域的法律。

3.3 混淆可能性理论的扩张

基于商标权的财产属性逐步得到人们的认可，以及商业发展带来的商标权人越发希望其权利获得保护的愿望越发强烈，混淆可能性理论被进一步扩张。在这个问题上，美国立法的变化表现得最为明显。1946年美国《兰哈姆法》第32条规定，任何人在商业中有以下行为的，商标权人可以提起民事诉讼：未经商标注册人同意复制、伪造或者仿冒注册商标而将其用于商品或者服务的销售、广告，欺骗购买者（purchasers）可能使其对商品或者服务的来源产生混淆（confusion）或者错误（mistake）❶。这一时期美国在判定商标侵权时，要求商品的购买者对其所购买商品的来源发生混淆，或者是受到了卖家的误导或者欺骗。在1962年的修正案中，删除了"购买者""商品或者服务来源"的表述，该修改一直沿用至今，成为现行《兰哈姆法》的侵权条款❷。但需要注意的是，商标法的扩张增加了销售者和消费者利益之间的冲突的可能❸。因此，对于一味扩大混淆可能性范围的意见要给予客观审视和批判。

3.3.1 初始兴趣混淆的兴起与批判

对于《兰哈姆法》的修改，由于立法报告并未明确表示是否因删除

---

❶ use, without the consent of the registrant, any reproduction, counterfeit, copy, or colorable imitation of any registered mark in connection with the sale, offering for sale, or advertising of any goods or services on or in connection with which such use is likely to cause confusion or mistake or to deceive purchasers as to the source of origin of such goods or services.

❷ 美国《兰哈姆法》被编入美国法规汇编第15编商业与贸易编的第22章，从15U.S.C. § 1051开始至15U.S.C § 1141n结束为该法条文。该法侵权条款位于法规汇编之15U.S.C. § 1114。该法于2011年5月做出修订，沿用至今。具体内容为：Any person who shall, without the consent of the registrant—(a) use in commerce any reproduction, counterfeit, copy, or colorable imitation of a registered mark in connection with the sale, offering for sale, distribution, or advertising of any goods or services on or in connection with which such use is likely to cause confusion, or to cause mistake, or to deceive.

❸ Michale Gyrnberg, Trademark Litigation as Consumer Conflict [J]. 83N.Y.U.L. Rev, 2008: 60-65.

"购买者"而使商标混淆主体的范围扩大,因此法院在适用混淆可能性标准时产生了一定分歧。一些法院认为,删除"购买者"的限定无疑扩大了混淆可能性判断主体的范围,将其由购买者扩展到"相关公众",包括购买者和潜在的购买者,同时,将混淆发生的时间扩展至购买行为之前。但仍有法院坚持认为,混淆可能性仍然限于购买者,混淆仅发生于商标购买时。

初始兴趣混淆是指侵权者使用了与他人相同或者近似的商标,消费者一开始发生了混淆。但是消费者进一步了解情况后,或者在做出购买决定前,就明白了相关商品或者服务真实来源[1]。"格罗特"案[2]被称为初始兴趣混淆第一案。原告要求法院确认其所使用的"Grotrian-Steinway"商标与被告的"Steinway"商标不相互冲突。法院认为,该案审查的重点并非原、被告之间具备关联关系,而是判断消费者在接触到商标时,很可能发生混淆,进而将被告商标纳入考虑范围。即使消费者能够将原被告的商品区分开来,但是在交易的早期阶段,导致了消费者的初始兴趣混淆,构成对原告商标权的侵犯。在 Mobil Oil 案[3]中,第二巡回法院认为,虽然专业的石油交易人员对商品来源有高度的注意程度与认知能力,但是被告在与潜在消费者接触的初期,很有可能搭上商标权人商誉的"便车",从而将被告的商品纳入潜在消费者的考虑范围。

初始兴趣混淆受到理论研究的重视源于互联网的高速发展。基于互联网采用的技术及盈利模式,使商标侵权成为互联网侵权的重灾区,出于解决互联网中由域名、竞价排名等引发的商标侵权问题之目的,初始兴趣混淆理论被运用的场合更加丰富。

在美国的"布鲁克"案[4]中,原告享有"moviebuff"标记的商标权,并将其注册为"moviebuffonline.com"的域名,被告则以"moviebuff.com"注册了域名。法院依据初始混淆理论对本案进行分析,认为当网络用户在网络寻找"moviebuff"产品时,很有可能被搜索引擎吸引至被告网站,同时由于被告网站经营的产品和原告极为相似,且网络使用者并未对被告的

---

[1] 李明德.美国知识产权法 [M].北京:法律出版社,2010:585.

[2] Grotrian, Helfferich etc.V. Steinway &Sons, 523 F.2d 1331(2d Cir.1975).

[3] 姚鹤徽.商标混淆可能性研究 [M].北京:知识产权出版社,2015:235.

[4] Berookfield Communcation Inc. V. West Coast Entertainment Crop, 174F.2d 1036(9th Cir.1999)转引自:李明德.美国知识产权法 [M].北京:法律出版社,2010:586-587.

商品与原告的商品发生混淆并购买了被告的商品。换言之，网络使用者为了购买方便，在明知购买的并非原告商品的情况下购买了被告的商品。将寻求原告网站或产品的消费者吸引到了自己的网站，从而不正当地利用了原告商标所代表的商誉。"花花公子"案中，被告在其提供的搜索关键词的服务中，使用了原告"Playboy"和"Playmate"商标，当用户输入这些关键词时就会进入相关成人网站。法院认为，网络用户通过录入与原告商标一致的关键词，可以直接进入被告网站。尽管他们在进入被告网站后会立刻发现该网站并非其本想浏览的原告网站，但仍会在该网站中进行浏览和购买相关产品，构成商标侵权。

国内司法实践中也存在类似判例。例如，在"XTOOLS"案❶中，原告享有"XTOOLS"商标专用权，被告将"XTOOLS"作为其百度竞价排名的关键词，当网络用户在搜索引擎中键入"XTOOLS"搜寻原告的商品时，会使被告网站的链接出现在网络用户面前。原审法院认为，原、被告存在竞争关系，被告将与原告商标近似的"XTOOLS"作为竞价排名的搜索关键词，从而使被告网站链接出现在用户面前，使网络用户误入被告网站，从而提升被告软件产品的曝光度，吸引用户的注意力，为被告提供了更多的商业机会，从而认定被告构成侵权。在"大众搬运场"案❷中，原告为"大众"商标的专用权人，而在被告所经营的搜索服务页面中出现了大量假冒原告公司的网站链接。经查，这些假冒原告的公司，以在被告提供的竞价排名服务中设定与原告商标"大众"近似的关键词的方式获取了被告提供的竞价排名中的优先位置，当网络用户键入关键词"大众"时，这些公司的网站便会出现在用户面前。法院认为，接受竞价服务的网站未经原告许可，在其经营的与原告提供类似服务的公司网站上使用了与原告商标近似的企业字号，侵犯了原告的"大众"商标专用权。而被告因未尽合理的审查义务，构成对被告侵权行为的帮助行为，承担连带赔偿责任。在"绿岛风"商标案中，原告享有"绿岛风Nedfon"的商标权，被告通过选定"绿道风"作为搜索关键词的方式，网络用户在搜索引擎键入绿道风关键词时，使其经营的网站链接出现在页面上。法院认为，被告作为与原告同类产品企业，使用该关键词显然是出于"搭便车"的目的，希望网络

---

❶ 参见：北京市第一中级人民法院〔2010〕一民终第2779号民事判决书。
❷ 参见：上海市第二中级人民法院〔2007〕沪二中民初字第147号判决书。

使用者在使用"绿岛风"这一词汇时可以找到其网站链接,并在网站链接中采取"'绿岛风'——广州第三电器厂"的表述,希望达到混淆消费者对于"绿岛风"商标出处的认识。

《兰哈姆法》和司法实践为初始兴趣混淆的适应提供了空间。但是将混淆可能性的主体范围由购买者扩展到潜在消费者,将混淆发生的时间由售中扩展至售前,无疑将会扩大商标权的保护范围。对混淆可能性是否应包含初始兴趣混淆这种形式,学者们持不同观点。持商誉搭便车理论的赞成者认为,商标法保护的核心是权利人的商誉,将混淆发生的时间由售中提前至售前,是为了防止侵权人在交易初期即利用商标权人商誉吸引潜在消费者的注意,使权利人的商誉受损。例如,第九巡回法院在上述"花花公子"案中所指出的:"初始兴趣混淆是消费者对于竞争者的产品产生了初始兴趣的混淆。尽管在真实购买前就消除了混淆,但初始混淆利用了商标所代表的商誉。"❶ 持节约搜寻成本论的学者认为,商标所蕴含的丰富的商品信息可以节约消费者的搜索成本,初始兴趣混淆虽然只是在购买前产生的短暂混淆,但也势必增加消费者的搜索成本,通过对初始兴趣混淆予以规制,可以节约交易的成本。例如,有消费者驱车前往某心仪电影院观看电影,本应于高速公路的第二出口驶出,但因在第一出口附近侵权人树立了与该电影院商标近似的标记,使该消费者提前经第一出口驶出,在到达电影院后才发现自己走错路了。但考虑到原路返回所要付出的成本及电影放映的时间,消费者被迫选择于该电影院进行观看。因此,因初始兴趣混淆导致消费者搜索成本的增高,导致消费者被动接受了侵权人提供的商品,导致了原权利人交易机会的丧失。正是由于初始混淆会使消费者支出额外的搜索成本,将其认定为商标侵权,符合商标法的立法宗旨❷。

同时,有学者对将初始兴趣混淆作为混淆可能性的一种类型的理论依据提出质疑。其认为,将初始兴趣混淆作为混淆可能性的一种类型,笼统地将消费者在购买之前发生的"购买兴趣转移"替代"混淆可能性"作为商标侵权的判断标准,会造成商标权保护范围的过度扩张❸。有学者指

---

❶ 李明德. 美国知识产权法 [M]. 北京:法律出版社,2010:588.

❷ Micheal Grynberg. The Road not Taken: Initial Interest Confusion, Consumer Search Coasts, and the Challenge of the interest [J]. 28 Seattle U.L.Rev97, 2004:109.

❸ 姚鹤徽. 商标混淆可能性研究 [M]. 北京:知识产权出版社,2015:250.

出，消费者购买一件商品的预算，包括为其投入的搜索成本和商品本身的价格，为搜索成本投入的价格越高，则投入商品本身的价格就越少。初始兴趣混淆无疑会增加消费者的搜索成本，随着搜索成本的不断增加，欲购买商品本身的价格超出消费者的预算时，消费者会放弃预先目标商品的购买，转而购买发生初始兴趣混淆的商品。如上文中电影院案例，消费者的原路返回和电影时间的错过都将是消费者难以接受的成本付出，因此他就近选择电影院观影。因此，初始兴趣混淆导致消费者成本的增加，使其被迫做出了购买侵权人商品的购买决策，使得商标权人丧失交易机会。

但是，并非所有的初始兴趣混淆都会导致对商标权人权利的侵害，消费者在初始兴趣混淆发生后转而购买侵权人的商品完全出于自愿。例如，在很多情况下，基于初始兴趣混淆发生所引起的搜索成本增加完全可以忽略不计。随着市场上商品种类的增多，消费者可以很容易购买大量品质相同的商品。消费者在选购商品的开始阶段发生了初始兴趣混淆，但是很快便从混淆的"泥沼"中挣脱出来。正是初始兴趣混淆赋予了消费者更广阔的选购空间，随着购物兴趣的转移，消费者很有可能发现更加符合其需要的类似商品。那么在这种情况下，消费者所做的购买决策完全出于其自愿，在消费者的认知中，其实际购买的商品与商标权人的商品是能够区分的，对权利人商誉的损害便无从谈起。

综上所述，初始兴趣混淆并不必然造成对商标权人商标侵害，甚至在一定条件下，可以为消费者提供更多的购买决策空间。当今时代，由于初始兴趣混淆与网上消费这种现代方式关系密切，应为初始兴趣混淆的适用设定条件。

3.3.2 售后混淆的兴起与批判

如上文所述，《兰哈姆法》在删除"购买者"的主体限定后，使混淆可能性的范围得到扩张。当潜在购买者在购买商品前即发生的混淆为初始兴趣混淆，应当有条件地给予保护。基于《兰哈姆法》的修改，美国一些法院注意到，当将购买者的范围扩展至旁观者或者是一般公众，将混淆发生的时间由购买时延后至购买后时，也可造成对商标权人商标权的侵犯，即所谓的售后混淆。售后混淆是指消费者在购买商品的时候没有发生商品来源上的混淆，但其他的消费者或者社会公众看到购买者使用相关商品的时候，发生了商品来源或者关联关系的混淆❶。

《兰哈姆法》修订前，美国司法实践中就已出现适用售后混淆认定侵权的案例。例如，1955年的马斯卡夫斯特钟表与收音机案❷，被告请求法院确认，其对原告生产的高档气钟外观进行仿制和销售的行为，不构成对原告权利的侵犯。初审法院认为，因原告并未将自己所卖的气钟作为被告的气钟销售，故不构成侵权。上诉法院则认为，高档气钟的外观已经具备第二含义，可以指示商品的来源，仿制行为使原告的商誉受损，并丧失了消费者。购买者在购买气钟时，会仔细地对气钟进行观察，由此得知其所购买的不是原告生产的气钟。其购买的目的是不花费大价钱而获得能够显示其身份的气钟。但是，当将钟表挂在家里的时候，客人会误以为该气钟为原告的商标，从而产生了售后混淆的问题，应当认定为侵权。

随着《兰哈姆法》的修订，更多的法院认为售后混淆已经作为一种混淆可能性的类型被立法确认，并在更加广阔的范围予以适用。例如，Levi Strauss牛仔裤案，先后两次因适用售后混淆使仿造者承担侵权责任。被告在牛仔裤臀部的位置缝制了与原告商标一致的标志，但同时在其上也缝制了被告自己的商标。经终审法院审理认为，虽然购买者在选购商品时不会发生混淆，但混淆侵权的认定不限于购买时，当旁观者看到购买者所购买的商品进而发生混淆时，例如购买者穿着该款式的牛仔裤在街头行走，被他人关注到时，由于旁观者受时间、空间等条件的制约无法像购买者一样对商品进行仔细甄别，当看到缝制在臀部的原告标记时容易发生混淆。因此，这种混淆发生后也应当认定为商标侵权。

国内司法实践中也出现了售后混淆被适用的案例。路易威登马利蒂诉深圳市新世界百货有限公司（"被告一"）、李某某（"被告二"）、广州潮域皮革公司（"被告三"）案❸，原告对其独创的由深棕色和浅棕色网纹方格所组成的图形享有商标权，被告二通过正常渠道以较低价格购买了被告三生产的"金鱼牌"皮夹，于被告一处进行销售。法院认为，被告二所销售商品的外表面图案与原告的商标标识属于相同商标，且被控侵权商品与原告商品相同，故被告二、被告三侵犯了原告的商标权。虽然侵权商品上标

---

❶ 李明德.美国知识产权法［M］.北京：法律出版社，2010：582.

❷ 同❶：583。

❸ 参见：深圳市福田区人民法院〔2015〕深福法知民初字第241号民事判决书。

明了其他商标，且该商品的销售价格远低于原告的商品价格，购买者在实际购买时不会对商品或者服务的来源发生混淆，但由于原告商标的较强显著性和知名度，购买者在实际使用时可能会导致其他潜在消费者对商品或者服务来源的混淆，造成售后混淆。由此，判定三位被告各自承担相应责任。

对混淆可能性是否应包括售后混淆这种类型，学者们也持有争议。赞同者从商誉受损和形象受损两个方面进行了论证。持商誉受损观点者认为，虽然侵权人在仿造商标权人的商品时会故意保留商品之间的差异，使购买者在购买时不会发生混淆。但是，商品在被售后并经购买者使用的过程中，由于仿制品的品质远不及正品，导致旁观者会误以为商标权人商品品质下降，旁观者会对商标权人的商品做出负面评价，导致商誉受损。持形象受损观点者认为，不对售后混淆予以规制会导致大量仿造品充斥于市场之上，使特定商品所具有的稀有、高贵能够彰显购买者身份的商品的功能受到贬损。原本只有少数人得以享有的商品，由于其仿品的存在而变得人尽可用，购买者的个性化需求因此难以继续得到满足，从而放弃对该商品的购买，最终导致商标权人购买者的流失。例如，在劳力士案中❶，法院认为，当购买者将仿造手表戴在手腕上时，有观察者会感到，既然这么多人都戴上劳力士手表，劳力士已经不再具有高贵的象征，从而放弃购买。

同时，有学者对上述售后混淆得以适用的理论提出疑问。首先，售后混淆将混淆的主体扩大到旁观者。但是，大多数情况下旁观者与商标权人并不存在任何关系，即使旁观者发生了混淆，他也不会去购买商品，并不存在基于混淆做出购物决策的可能性。因此，单纯地将混淆主体扩大至旁观者，无疑扩大了商标权的保护范围。其次，即使将混淆的主体扩展至旁观者，但根据司法实践要求，判断是否存在混淆可能性应以合理谨慎消费者的注意力水平作为衡量消费者进行购物决策时对商品所投入的关注度。而在售后混淆的环境中，旁观者往往不会近距离地对侵权商品进行观察，仅仅形成一个大概的印象。由此，较之普通混淆可能性判断的相关公众，售后混淆的旁观者更加容易陷入混淆可能性的"泥沼"，无疑降低了商标侵权的判断标准。最后，对于售后混淆会使一些商品丧失其原本设定的高

---

❶ 李明德. 美国知识产权法 [M]. 北京：法律出版社，2010：584.

贵、独特属性，导致特定群体放弃购买该商品的问题，其本质上属于商标淡化的问题，与混淆可能性没有直接关系。

综上所述，售后混淆的广泛使用本质上降低了商标侵权的门槛，造成商标权的扩张，与初始兴趣混淆一样，应对其适用条件做出规定。

3.3.3 反向混淆的兴起与批判

关于反向混淆，学界主要给出如下定义。李明德教授认为，反向混淆是指在先商标所有人将提供的商品或者服务，错误地当成了在后商标所有人的商品或者服务。在后商标所有人基于其强势地位，使消费者认为在先商标所有人的商标来源于在后所有人，损害在先商标及其信誉❶。黄武双教授认为，反向混淆是指购买在先使用者商品时，客户错误地认为自己购买了在后使用商标者的商品❷。李琛教授认为，所谓反向混淆，是指商标权人的商标被在后使用者广泛使用后，商标与在后使用者的联系更为密切，使消费者误认为商标权人的商品或服务源自在后使用人❸。与传统的"正向混淆"不同的是，在后使用者并未借用商标权人的商誉。与初始兴趣混淆和售后混淆一样，反向混淆也源于美国判例。

美国的反向混淆首案为1977年的"Big O Tire Dealers, Inc. v. Goodyear Tire & Rubber Co."案❹。上诉法院最终认为，若依被告抗辩所言，如果在后商标使用者并未有利用在先商标使用者商誉的主观意图，没有使消费者将自己的商品或者服务与原告的商品或者服务发生混淆，而是使消费者将原告商品的来源与自己的商品发生混淆，在这种情况下则不构成侵权。按此逻辑，任何被公众所熟知的企业，当窃取他人商标的同时施加以经济力量作密集广告，则可以免除不正当竞争责任。这会导致任何具有相当规模和经济优势的企业，都可以窃取任何一个商标，并通过大量投入取得该商标的权利。经该案后，反向混淆陆续在一些裁判中被适用，以此避免具有经济优势的大公司不正当地掠夺小公司的商标的行为。在适用过程中，还逐步形成了反向混淆类型中混淆可能性的司法判定标准。

在1993年的"WWW Pharmaceutical Co. Inc. v. Gillette Co."案中明确

---

❶ 李明德. 美国知识产权法 [M]. 北京：法律出版社，2010：589.

❷ 黄武双. 反向混淆理论与规则视角下的"非诚勿扰"案 [J]. 知识产权，2016，1：29-32.

❸ 李琛. 从"非诚勿扰"商标案的几点思考 [J]. 知识产权，2016，1：5.

❹ 同❶：590.

了反向混淆的司法判定标准。1981年，万维网是Sportstick商标的权利人，其自1982年起开始销售一种唇膏，该唇膏配方系万维网通过合法取得。该唇膏被用在蓝色的包装中并用白色字写有Sportstick的标识，其货架上以零售方式销售。Gillette在知道Sportstick商标已被用于唇膏的前提下，从1988年起，开始销售其生产的液态和固态的止汗剂，并在产品前方的显著位置贴有"Right Guard"标志。在该标志下方有一个较小的"Sport"标志，其与"Stick"标志被一个跑步的图片分开。同时在产品背后"Sport"标志和"Stick"标志被贴附在"Right Guard"标志的右方，"Right Guard"标志的印刷大于"Sport Stick"。

该案与传统案件的最大区别是，被告实施的并非正向混淆行为，而是特殊的反向混淆。在反向混淆案件中，潜在的消费者错误地认为原告的产品是由被告所生产。第二巡回法院明确指出，原告可以基于反向混淆提起诉讼并将其定义为，一种人们对商标在先使用者的产品是来源于商标在后使用者的误认，反向混淆可以延伸至非竞争关系的产品。有学者指出，对反向混淆的具体分析，应当如典型的正向混淆那样，先确定商标的可保护性即商标具有固有显著性。如果商标本身不具备可保护性，则对反向混淆的分析应当停止。如果商标具有可保护性，则可以通过坡拉瑞德要素分析反向混淆是否发生[1]。本案中，第二巡回法院根据以下8个因素进行权衡：针对商标的固有显著性要素、商标的近似要素、商品的类似要素、产品间市场的距离要素、真实混淆要素、商品的质量要素、购买者的经验要素，其适用与正向混淆的适用并无不同。

我国司法实践中，第一个适用反向混淆理论做出裁判的应属"蓝色风暴"案[2]，该案中原告认为，商标法中的误导公众是对商标识别功能的破坏。不能仅仅理解为将知名度小的商标误认为知名度大的商标，同时还包括"反向混淆"。一审法院在判决中甚至直接使用了"被告使用原告标识行为足以造成反向混淆"的表述，从而将一个学理概念直接运用于司法实践。终审法院最终也支持了原告的主张，其认为对于使相关公众产生混淆的判断不仅包括公众认为在后商标使用人的产品来源于在后使用人，也应

---

[1] Nancy DelPizzo. Developing a Uniform Test for Reverse Confusion Trademark Cases in the Sports & Entertainment Industries [J] .S 14 Seton Hallports & Ent. L. ：175-177.

[2] 参见：浙江高院〔2007〕浙民三终字第74号民事判决书。

当包括公众认为在先商标使用人的产品来源于商标的在后使用人的情形。但在措辞上表现得更为谨慎，并未直接采用反向混淆的表述，但其所表达的内容与学理上的反向混淆的内容具有一致性。

自该案之后，反向混淆的适用在我国并不多见，直到"非诚勿扰"案❶的出现，对反向混淆的讨论再一次成为关注的焦点。原告在二审法院审理过程中以反向混淆为由诉称，由于被上诉人即江苏电视台的强力宣传，已客观上淹没了上诉人的商标，不可避免地压缩了法律预留给商标权人的空间，压缩了权利人今后正常的品牌运行空间。基于反向混淆形式和造成危害和隐蔽性，其危害程度较之正向混淆有过之而无不及。二审法院认为，由于被上诉人的知名度和节目的宣传，而使相关公众误认为权利人的商标使用与被上诉人产生错误认识及联系，造成反向混淆。该判决一经做出，便受到了学者的批评。有学者指出，反向混淆并非我国学理及司法实践已经接受的概念，其仅仅是美国判例法所确立的概念❷。在欧洲也并未将正向与反向混淆做出区别，因为对商标侵权的判定是由其混淆的事实决定的，并非其方向。另外，由于对反向混淆理论研究得尚不够深入，理论界及实务界并未对反向混淆的构成要件达成一致意见，而在个案中也并未对其适用进行理论分析，而是粗暴地一言以蔽之，显然难以得到确信。后该案经再审，推翻了二审法院之判决，再审法院在判决中彻底摒弃了对反向混淆的适用，而是通过正向混淆的分析方法，从商标近似、服务类似的角度对商标是否能够使公众产生混淆可能性进行了论述。

对于反向混淆是否应当作为混淆可能性的一种类型，学者们仍存有争议。赞成者认为，首先，攀附大企业的商誉是商标侵权的常态，也确实存在大量小企业不愿意利用大企业商誉的现象。对于那些愿意付出心血培育自己品牌的小企业来说，并不愿意攀附大企业的商誉，这样会导致其品牌在创立初期就被打上与大品牌相关的烙印，这对自身品牌的发展是极为不利的。随着我国经济、文化的发展，品牌本身也呈现出多元化发展的趋势，很多企业都逐渐走上发展自主品牌之路。特别在服装设计领域，各类所谓设计师品牌层出不穷。这些商标的权利人自品牌创建之初，就无任何

---

❶ 参见：深圳市中级人民法院〔2015〕深中法知民终第 927 号民事判决书；广东省高级人民法院〔2016〕粤民再 447 号民事判决书。
❷ 李琛.从"非诚勿扰"商标案的几点思考［J］.知识产权，2016，1：5.

攀附之心，而是力图将自有品牌做大做强。在这个过程中，小企业就不免落入"大鱼吃小鱼"的困境，大企业凭借其优势地位，可以对在先使用的商标进行排挤，导致品质优良的品牌难以建立，很快被大企业吞并。其次，商标法的财产化为反向混淆的成立提供了理论基础。不论是否存在欺诈、"搭便车"等不正当行为，只要商标权受到侵犯，就应当获得救济。

　　反对将反向混淆作为一种混淆可能性类型的学者认为，首先，反向混淆是来源于美国司法判例的概念，法官在司法裁判中对事实的描述，在未经科学论证的前提下，并非严谨的法律概念。对于大陆法系国家来说，上升为立法的法律概念具有更高的普遍性和抽象性要求，因此，对于反向混淆理论的引入应保持谦抑谨慎的态度。其次，反向混淆是为应对商标的在后使用者利用自己市场优势地位，使用与在先使用者近似的商标，从而使小企业的商标难以建立。因此，较之正向混淆来说，在后使用者的主观恶意更加明显，同时要求在后使用者与在先使用者处于紧密的竞争关系之中。但是，如上文案例所述，法院在未明确反向混淆适用条件的情况下，就在其判决中使用了构成反向混淆的表述，存在明显不当。这也是最高法院推翻二审法院判决，放弃适用反向混淆，以正向混淆进行商标侵权判断的原因。

4 混淆可能性的含义与类型

4.1 混淆的内涵

曾陈明茹教授指出[1]，混淆是指"无法律上之权源而使用相同或者近似于他人的商标于同一商品或类似商品使消费者对商品来源发生混淆误认之谓"。彭学龙教授认为[2]混淆是指"由于被诉商标的存在，具有一般谨慎程度的普通消费者，误认为其所附着的商品源于原告即商标所有人"。可见混淆是消费者对商品服务来源所产生误认而形成的一种客观状态，这种来源上的误认主要表现为，将本不属于商标权人的商品或者服务当作其他人的商标或者服务，即由于B在其产品或者服务上使用了A的商标，而使消费者将B的产品或服务认定为A的产品或服务。

对于混淆可能性，是司法实践中形成的作为商标侵权的判断标准。例如，以欧盟法院为代表的观点认为，《指令》所述之混淆可能性不仅包括公众对商品来源的混淆，也包括公众因关联关系产生的混淆。同时关联关系混淆可能性不能代替混淆可能性单独作为商标侵权的标准。二者既有联系又有区别。二者的联系是，混淆可能性脱胎于混淆，混淆是混淆可能性的基础。二者的区别则是，混淆是学理概念，其内涵随着商标法理论的发展而变化。混淆可能性是基于混淆理论而产生的一种判断商标权利范围的工具。人们可以借助混淆可能性这个工具对商标侵权做出判断。混淆可能性是建立在"混淆"基础上而又与之有别的独立范畴，意在防止由于在后商标，使具有一般谨慎程度的普通消费者乃至社会公众，极有可能误认为其所附着之商品来源于在先商标所有人或与之有关[3]。

以原告证明消费者混淆程度的证明责任的程度不同为标准，可以将

---

[1] 曾陈明茹.商标法原理[M].北京：中国人民大学出版社，2003：4.
[2] 彭学龙.商标混淆类型分析与我国商标侵权制度完善[J].法学，2008，5：108.
[3] 彭学龙.论"混淆可能性"：兼评《中华人民共和国商标法修改稿》[J].西北政法大学学报，2008，1：130.

4 混淆可能性的含义与类型

消费者的混淆程度划分为混淆可能性（likelihood of confusion）、一般的混淆可能（possibility of confusion）及真实混淆（actual confusion）。有学者指出，混淆可能性（likelihood of confusion）与很可能混淆（probable confusion）同义❶，即一般的混淆可能不构成商标侵权语境下的混淆可能性。美国判例认为，混淆可能性是一般的混淆可能与真实混淆的折中体现❷。真实混淆并不被作为判断商标侵权的依据，真实混淆是混淆可能性的延伸，以混淆事实的实际发生作为混淆成立的依据。真实混淆含义下，商标侵权的成立一定是建立在权利人权利已经受损的状态之下，不利于对商标权人的保护。加之真实混淆证据通常难以取得，因此，世界各国均不以真实混淆作为判断商标侵权的标准，但是真实混淆可以作为推定具备混淆可能性的证据，国外司法实践中多有将真实混淆的发生作为具备混淆可能性的重要证据。

例如，"Versa Products Co. v. Bifold Co."案❸中，地方法院认为，在商品外观的侵权诉讼中，原告只需证明混淆可能性而非真实混淆（actual confusion）。原告只需要证明一定数量上的购买者对产品造成了混淆，即可赢得侵权诉讼而无须证明真实的混淆。又如，美国判断商标侵权的多因素测试中，真实混淆就被列为判断是否存在混淆可能性的因素。真实混淆往往具备较强的证明混淆可能性存在的证明力。在"阿姆布里特"一案中，上诉法院认为，消费者真实混淆是混淆可能性的最好证据。关于多少个真实混淆的事实才能证明那个要素的存在，不存在一个绝对的度量。相反，法院必须参照有关的总体情形，对真实混淆的证据做出评估❹。司法实践中，原告为了证明真实混淆的存在，往往会通过抽样调查的方式证明真实混淆的存在，试图通过较高的消费者混淆的百分比来证明发生了真实混淆。但同样不容忽视的是，对于多少个混淆事实才能证明真实混淆的存在，并不存在一个绝对的量，所以对抽样调查结论的适用上存在较大的差

---

❶ 彭学龙.论"混淆可能性"：兼评《中华人民共和国商标法修改稿》[J].西北政法大学学报，2008，1：131.

❷ Lisa Kobialkely. Not likely But Possible . A Lesser Standard for Trademark Infringement[J]. 31USFL.Rev，1997：477.

❸ 同❷：495.

❹ 李明德.美国知识产权法[M].北京：法律出版社，2010：578.

异。多少比例的混淆事实能够认为构成真实混淆的确定，应结合混淆可能性的其他因素进行综合判断。因为实际判例中出现过当混淆事实发生的概率达到 11%、11.4%、11%、9%、8.5%、5.7% 时均被认为不存在混淆可能性。而在一个案件中混淆事实的发生率达到 7.6%，则被认定存在混淆可能性[1]。以上数据可以充分说明，对真实混淆的判断是混淆可能性判断的一个难点，其适用所需要的"度"要进行个案认定，但同时可以确定真实混淆不是判定商标侵权的标准，而是判定混淆可能性的一个因素。

一般的混淆可能替代混淆可能性作为判定商标侵权的标准曾发生过争议。在"Versa Products Co. v. Bifold Co."案[2]中，原告 Versa 公司是一家生产气态液压控制阀门的公司，其生产了业界非常知名的 B-316 产品。Bifold 公司也制造了这种阀门应用于海洋石油工业。该公司还开发了"Domino Junior"系列的阀门产品，该产品于 1990 年即 Versa 的 B-316 开发九年后进入市场，并且两家公司是仅有的两家销售该类产品的公司。Versa 以 Bifold 侵犯了其商业外观为由提起了诉讼。地方法院列举了许多其调查发现的事实证据。被告在其制造"Domino Junior"系列的阀门产品时，通过丹麦的一家机构复制了大量 B-316 的模具，同时被告并没有生产其产品的生产厂家，并且其提供的生产设计数据文件均系伪造。

法院经调查还发现，原被告生产的阀门在重量、宽度和含金量上存在可互换性。经过对二者产品进行比对后，地方法院认为二者的产品具有一致性。被告的产品模仿复制了原告产品的外观。由于原告享有美国 55% 的阀门销售市场，原告杰出的商业信誉依靠的是其完美的产品质量。地方法院认为，原告产品 10 多年来的杰出声誉及产品的整体外观使其产品 B-316 得以被区别出来，原告产品的独特外观结构是其与其他同类产品被区分开来的重要因素。

最终地方法院认为，当新的竞争者侵犯业已建立的商品外观的权利时，应当适用较低水平的混淆标准，这个时候一般的混淆可能标准应当被适用[3]。由此，地方法院基于一般混淆可能标准给被告颁发了永久禁令。该

---

[1] 李明德. 美国知识产权法 [M]. 北京：法律出版社，2010：580.

[2] 参见：Versa Products Co. v. Bifold Co.

[3] 此处原文是：the district court held that the "threshold for likelihood of confusion is lower when a newcomer violates a long-established trade dress." 186 The court was indicating that a "possibility of confusion" standard should be applied.

案上诉至美国第三巡回法院，法院以不应适用一般混淆可能作为判断商标侵权的标准为由，推翻了地方法院的裁判。第三巡回法院首先明确，法律不要求竞争者能够防止所有的混淆以及由此产生的混淆可能性。相反，原告想要胜诉，只需要证明有一定数量的谨慎消费者对于特定类型的产品的来源产生了混淆。一般的混淆可能替代混淆可能性是适当的。这个较低的标准已经被用于商标侵权和贸易名称的侵权案件中，但是从未被用于商品外观的侵权案件中。由此可以看出，虽然第三巡回法院以混淆可能性标准推翻了地方法院适用的一般可能混淆标准，但是第三巡回法院仍旧为一般混淆可能标准保留了适用空间。

第三巡回法院认为，一般的混淆可能标准可以被用于在后竞争者复制业已存在的商标，并且这类商标具有在视觉上与在先标记非常近似并且产生了真实混淆。原因在于，后来竞争者在没有合法理由的前提下复制业已存在的竞争者的商品外观，并且消费者高度依赖商标指示商品或者服务来源的作用使一般的混淆可能标准得以被适用。

法院进一步列举了一般的混淆可能不能被适用的情形。首先，如果仅仅复制产品的外观结构，并不意味着复制者试图充分利用产品来源的意愿。但是，法院同时指出，在以下两种情况下可以进行相反的推定，即一般混淆可能标准得以被适用。一种是产品受到消费者的关注主要是源于其本身的结构或者是该外观结构能够识别来源，另一种是复制者当然复制了具有误导性的标志或者在市场上销售复制的产品。法院认为，虽然可以想象产品的外观结构具有指示其来源的功能，但是通常情况下产品的外观在指示功能时是不可靠的。大多数的外观结构都是功能性的，并且不具有显著性，因此可以被轻松地复制。消费者通常是通过商标和包装区分大致相同产品的来源，而并非通过产品的外观结构。基于这种认识，法院在商品外观的案件中拒绝适用一般的混淆可能标准，而是适用了混淆可能性标准。从第三巡回法院推翻了基于一般的混淆可能标准做出的判定被告侵权的裁判，转而通过混淆可能性标准判定被告的行为未构成侵权的案例中可以看出，适用不同标准会对同一案件的裁判结果产生极大的影响。同时，虽然在该案中第三巡回法院运用了混淆可能性标准，但是也为一般的混淆可能标准的适用留下了可能。那么，究竟采何种标准对判断商标侵权案件更为妥当呢？

对于第三巡回法院适用一般的混淆可能标准会带来以下问题。首先，在商标侵权案件中适用一般的混淆可能标准破坏了在商标和商业外观侵权案件中已经建立起来的混淆可能性标准的适用。第三法院的观点引发了在商标和商业外观侵权中适用标准的混乱和不确定性。尽管第三法院声明，一般的混淆可能标准不适用于商业外观的侵权案件，它指出这个标准可以适用于后来的竞争者在没有合理依据的情况下复制他人已经建立的商标标识的情形。但是采用这一标准的问题在于，其对商标的在先使用者更为有利。从而使后进入市场的竞争者处于侵权的高风险中，并且加重了被告证明混淆不存在的负担。其次，采用一般的混淆可能标准扼杀了竞争。如果适用该标准，将赋予原告在任何条件下使用商标，以及将其商业与任何商品建立联系的绝对权利。但是在现实的市场竞争中，总会出现一些在不同的商品上使用相同或者近似文字造成混淆的可能，针对这样的情况，如果适用一般的混淆可能标准将扼杀竞争。再次，一般的混淆可能标准与《兰哈姆法》的条文表述存在冲突。《兰哈姆法》中有关商标侵权的条款均采混淆可能性的表述，虽然该法几经修改，但混淆可能性的表述从未发生过变化。再进一步，对一般的混淆标准的认可将会鼓励诉讼。在比较低的证明责任的前提下，在先商标使用者将会毫不犹豫地行使自己的诉权。因为侵权的判定标准能够支持他们的主张。而对于法院来说，诉讼的关注焦点将从是否发生了侵权，转移到应该在该案件中适用何种标准的问题上。另外，一般混淆可能标准青睐于商标的在先使用者，其无法给予被告公平的抗辩权。但是混淆可能性标准是公平的，不会青睐于任何一方。法院认为，适用一般混淆可能标准，会导致商标在后使用者丧失商标抗辩的权利。对于抄袭、复制权利人商标的行为无须考虑其是否具备主观上的故意。但在混淆可能性标准下，对于上述侵权行为应综合包括主观故意在内的多种因素进行判断。因此，不应适用一般混淆可能标准排除混淆可能性判断因素的充分适用。

事实上，一般的混淆可能标准的适用已使第三巡回法院在审理商标侵权案件时产生了混乱。在"In Sweetzel, Inc. v. Hawk Hill Cookies, Inc."案件中，法院不能区分两种标准到底应当适用哪一个。法院在该案中并没有认识到不同标准的适用对于商标侵权判断的重大影响。实际上，适用不同的标准会导致案件判决结果的不同，同时还会影响到法院对于侵权因素的判断方法。例如，在 Sleekcraft 案中，第九巡回法院认为，"Sleekcraft"与"Slickcraft"之间存在混淆可能性，但是法院仅仅颁布了一项有限禁令，要求被告通过声明的方式将其标志与原告的分离开来。法院解释道,尽管潜在市场中二者之间存在重叠,但是他们两个不具有竞争关系。法院还进一步考虑了二者在推广其商标过程中的巨大支出。相比之下,如果使用一般的混淆可能标准,第九巡回法院将得出不同的结果。对于两个拼写和读音都极其近似的商标,其他因素即使不被考虑的情况下仍可认定一般混淆可能的存在。进一步说,法院在对销售渠道进行判断时,依据一般的混淆可能标准,任何潜在销售市场的重叠都将有利于原告。然而这个因素在混淆可能性标准下并不占有非常大的权重。作为地区法院的结论,在一般混淆标准下,法院必然发现原告的商标侵权。因此,第九法院会发出永久禁令而不是限制性的禁令来对抗被告,因为这个因素对原告更有利。

综上所述,混淆可能性对处理原、被告的关系是公平的。适用一般的混淆可能标准会带来限制市场的竞争、法院诉讼增加、同案不同判,以及造成法院在选择适用何种标准的问题。因此,商标侵权语境下混淆的含义应为很有可能混淆即混淆可能性更为妥当。正如德国学说与判例认为,混淆可能性必须是一种明显的可能性,而不是一种远不可及、抽象或理论上的可能性。如果相关交易阶层中只有微不足道的一部分人(如1%)可能对商品或商标造成混淆,则这种可能性就是一种抽象的可能性[1]。

4.2 混淆可能性的含义

4.2.1 混淆可能性的立法含义

混淆可能性(likelihood of confusion)是商标侵权判定的标准。在各国立法及司法实践中均有对混淆可能性标准的表述。例如,美国《商标法》之15U.S.C. § 1114条,将混淆可能性作为判断侵权的标准。英国《商标法》第10条为该法的侵权条款,对构成商标侵权的情形也做出了与商标注册一样的表述,要求在相关公众中存在混淆可能并且这种混淆包含对在先商标的关联关系混淆。德国《商标法》第14条(2)规定,未经商标所有人同意,禁止第三人在商业交易中使用某种标志,由于该标志与商标相同或者近似,且因商标与标志所包含的商品或者服务相同或近似,而在公众中产生包含

---

[1] 彭学龙.论"混淆可能性":兼评《中华人民共和国商标法修改稿》[J].西北政法大学学报,2008,1:131.

标志与商标之间存在想象上的关联危险在内的混淆危险❶。《指令》第5条（b）规定，商标权人可以在以下情况下阻止第三方在未经其同意的情况下使用其商标，在相同商标上使用与其相同或者类似的服务，在相同的商品或者服务上使用与权利人近似的商标，使相关公众产生混淆可能，这种混淆可能包括标志与商标之间的关联关系混淆。《条例》第8条做出了与《指令》相同的表达，将混淆可能作为判定侵权的标准❷。同时，《指令》第4条（b）款与《条例》第7条是有关欧共体商标注册的规定，与商标侵权条款做出了同样的表达，即在相同商标上使用与其相同或者类似的服务，在相同的商品或者服务上使用与权利人近似的商标，使相关公众产生混淆可能的，不予注册，已经注册的则认定为无效。这种混淆可能包括标志与商标之间的关联关系混淆。《指令》与《条例》作为欧盟调整商标法律问题的两部基本法律，在审查与侵权程序中都将混淆可能性作为判断标准。

4.2.2　混淆可能性的司法含义

美国及欧洲各主要国家虽然均在立法上确立了将混淆可能性作为判定商标侵权的标准，但在司法实践中对其解释存在一定差异。在欧洲具有重大影响力的Canon案❸中，欧盟法院对混淆可能性的范围进行了解读，欧盟法院的功能设定并不对具体的案件进行裁判，而是当欧盟成员国在法律适用上遇到问题时，可请求欧盟法院对法律的适用进行解读，成员国可根据欧盟法院对法律的解释依据国内法进行裁判。本案中，德国Bundesgerichtshof法院请求欧盟法院解释，当公众知晓商品或者服务来源于不同的产地时（没有发生来源混淆），是否还能够适用《指令》第4条（1）（b）款规定的混淆可能性？欧盟法院认为，《指令》第4条（1）（b）款所指的混淆可能性，包括公众对商品或者服务来源的认识错误即来源混淆。同时，欧盟法院进一步依据《指令》从商标功能的角度对关联关系混淆存在的合理性进行论述。根据《指令》第2条规定，商标必须能够区别

---

❶ 德国商标法［M］.范长军，译.北京：知识产权出版社，2013：5.

❷ If because of its identity with, or similarity to, the earlier trade mark and the identity or similarity of the goods or services covered by the trade marks there exists a likelihood of confusion on the part of the public in the territory in which the earlier trade mark is protected; the likelihood of confusion includes the likelihood of association with the earlier trade mark.

❸ Camon Kabushiki Kaisha v. Metro-Goldwyn-Mayer Inc, Case C-39/97.

商品或者服务的来源。《指令》序言第 10 条指出，商标的保护功能主要是保障商品或者服务的来源。依据法院的判例，商标的本质功能是保障商品或者服务来源的一致性，使消费者或者用户在区别不同来源的商品或者服务时不会产生混淆可能性。同时，为了能够使商标的功能在竞争中发挥作用，《指令》试图建立一种制度，即商品或者服务的来源应控制在能够保证其质量的一个企业之下。相应的，当公众认为商品或者服务来源于同一个企业或者是在经济上有关联的企业时，会存在《指令》第 4 条（b）款所述的混淆可能性即关联关系混淆。消费者没有对产地发生混淆，不足以证明不存在混淆可能性。由此，欧盟法院对于该问题给出的解答是，若要存在《指令》第 4 条（b）款所述的混淆可能性，公众应认为商品或者服务有不同的来源。相反，如果公众不认为商品或者服务来源于相同的企业或者是有经济关联的企业，则不存在《指令》第 4 条（b）款所述的混淆可能性。也就是说，即使公众没有对商品或者服务的来源发生混淆，而是产生了关联关系的混淆，仍符合《指令》第 4 条（b）款所述的混淆可能性。

Jacobs 先生援引 Sebal 案的先例进一步对混淆的含义进行了说明❶。在 Sable 案中关注对《指令》第 4 条（b）款所述的相关公众对混淆可能性的解释，该案中将混淆可能性解释为包含了与在先商标的关联关系混淆可能的情形。法院进一步解释道，存在三种情况可能会涉及关联关系混淆可能：公众对标志和商标产生了直接混淆；社会公众对标志的所有人与商标之间建立了联系并且混淆的，即间接混淆；公众认为标志和商标近似，并且对标志的呼叫可以唤起脑海中对商标的记忆，尽管两个标志并不混淆（即严格意义上的联想可能性）。法院提出，根据《指令》第 4 条（b）款，当不存在直接混淆与间接混淆时，仅靠联想可能性能否适用该条款？结论是：该条规定在相关公众没有产生混淆可能性的情况下，不适用该条款的规定。因此，法院认为仅仅两个标志语义上的类似而产生的联系不足以使公众产生混淆可能性。具体到佳能案中，公众不能够证明两个商标存在某种贸易关系，则不具备《指令》第 4 条（b）款所述的混淆可能性。欧盟委员会认为，公众对商品的产地或者服务执行地产生混淆不足以证明存在

---

❶ Camon Kabushiki Kaisha v. Metro-Goldwyn-Mayer Inc, Case C-39/97, opinion of Mr Advocate General Jacobs.

混淆可能性。同时，即使公众认识到商品或者服务来源不同，但两个企业之间有存在联系的可能，将有可能产生《指令》所述的混淆可能性。综合以上欧盟法院对《指令》第4条（b）款的解释，以及Jacobs先生对该案做出的说明可以得出结论，司法审判意义上的混淆可能性，不仅包括公众对商品或者服务来源的混淆，也包括公众因关联关系产生的混淆。

4.2.3 混淆可能性的学理含义

前文对混淆的内涵，以及其与一般的混淆可能、混淆可能性、真实混淆的关系进行了论述。笔者认为，混淆在商标法中不仅是一种客观状态，也是一个重要的学理概念。而混淆可能性是基于混淆理论而产生的一种判断商标权利范围的工具。人们可以借助混淆可能性这个工具对商标侵权案件做出裁判。混淆与混淆可能性具有天然的内在联系，混淆可能性的内涵与外延随着混淆理论的变化而变化。形象地说，如果混淆是解决商标是否构成侵权问题的方法，那么混淆可能性就是在使用该方法时所具体实施的步骤或者说是该方法实施过程中所要拿捏的尺度。从本质上说，一般的可能混淆、混淆可能性还是真实混淆均是混淆理论具体实施过程中可以选择的标准，只是最后人们经过价值判断，将混淆可能性作为评测混淆理论实施的最终判断标准。

根据上文对一般的混淆可能、混淆可能性及真实混淆的语义进行分析可知，混淆可能性是一种明显的混淆。在审判中，依据混淆可能性标准，只要对混淆的证明能够达到有一定数量的谨慎消费者对于特定类型的产品的来源产生了混淆的标准，即可判定为商标侵权。

德国法将混淆可能性分为直接混淆和间接混淆，直接混淆称为狭义混淆，是指公众将仿冒商标混同于原告商标，并误以为仿冒商品就是原告商品。间接混淆又称为广义的混淆，指公众并非对商品的来源或企业的同一性产生混淆，而是误以为原告与被告之间存在某种关系。该关系可以是业务上的，也可以是组织上的或者经济上的❶。美国法上将混淆划分为单一出处混淆和多出处混淆。单一出处混淆又称为直接混淆，是指消费者误以为原被告的商品源于同一处。多出处混淆也称为赞助混淆或关联混淆，指消费者意识到被告的商品来源于不同出处，却误认为这些出处之间具有某种

---

❶ 邵建东. 德国反不正当竞争法研究 [M]. 北京：中国人民大学出版社，2010：93.

关联或者赞助关系❶。美国法中所谓单一出处混淆与德国法中的直接混淆同义，其均为狭义混淆，是传统意义上的混淆，符合学理上对混淆的最初的界定，即由于被诉商标的存在，具有一般谨慎程度的消费者，误认为其所附着之商品来源于原告即商标权人❷。

有学者将单一出处混淆进一步划分为商品混淆和来源混淆❸，认为商品混淆是对其所购买商品本身的混淆，例如，将"周佳"牌洗衣粉当作"雕"牌洗衣粉。《商标法》将销售侵犯注册商标专用权的商品的行为列为侵权行为之一的目的便是在一定程度上减少消费者对商品发生的混淆。

而来源混淆是指，消费者并未对其购买的商品发生混淆，而是认为两种商品来源于同一出处，同时对于消费者是否知道该出处到底为何在所不问。例如，苏州稻香村食品工业有限公司将其享有权利的"稻香村"商标用于其所生产的糕点上在超市进行销售。北方的糕点消费者在超市购买苏州稻香村的糕点时由于其外包装和糕点种类不同会将其与带有"三禾"商标的北京稻香村食品有限公司生产的糕点相区别。但是，大多数消费者仍会对苏州稻香村糕点的生产企业与"三禾"标志的生产企业北京稻香村产生混淆，认为苏州稻香村的糕点是由北京稻香村食品有限公司生产的。对单一出处混淆的这种划分同样可以鉴于德国法中对直接混淆的划分。

有学者指出，这种直接混淆既可以是对商品来源的混淆，也可以是对生产商品的企业的混淆。正如有学者给狭义的混淆可能性所下之定义，狭义的混淆可能性是指侵权标识损害商标的识别功能，导致相关公众对商品或服务来源产生误认❹。

笔者认为，无论是美国法的单一出处混淆还是德国法的直接混淆，其内涵可与商标法中传统的混淆理论即狭义的混淆等同之，同时包括消费者对商品本身的混淆和对来源的混淆。

随着商品经济的发展，商标混淆理论得到了进一步扩张，狭义混淆理

---

❶ 彭学龙.商标混淆类型分析与我国商标侵权制度的完善［J］.法学，2008，5：109.
❷ 同❶：107–116.
❸ 同❶：110.
❹ 张体锐.商标法上混淆可能性研究［M］.北京：知识产权出版社，2014：20.

论发展成为广义的混淆理论❶，即上文所提到的德国法中的间接混淆和美国法中出处混淆中的多出处混淆。根据上文所列的多出处混淆与间接混淆的概念可知，广义的混淆是指公众并非对商品的来源发生混淆而是对原被告之间的关系发生了混淆，这种关系包括但不限于母子公司、赞助、许可等。即学者所谓，侵权标识损害了商标的宣传功能，导致公众误以为商标所有者与侵权标识之间存在某种经济联系，进而错误地将商标所表达的信息归于贴附侵权标识所销售的产品上❷。

广义的混淆可能性理论的形成是商品经济发展到一定阶段的产物，是人们对商标本质和商标功能认识不断加深的产物。广义的混淆可能性在混淆的内容上不仅包括传统的消费者对商品或者服务来源的混淆，还包含了关联关系的混淆即上文所述的赞助混淆。如《指令》第4条（b）款和第5条（b）款所规定的，当因将相同或者近似的标志使用在相同或者近似的商品或者服务上导致混淆可能性的发生将不予注册，或者判定商标侵权，而这种混淆包括关联关系的混淆。欧盟法院在佳能案中进一步解释道，当消费者未对商品的产地发生混淆时（产地混淆在这里可以理解为对商品来源的混淆）并不当然导致混淆可能性的发生。当公众认为商品或者服务来源于同一个企业或者是在经济上有关联的企业时，会存在《指令》第4条（b）款所述的混淆可能性。欧盟法院所提之对经济上有关联的混淆即为广义的混淆可能性所指的关联关系的混淆。

与此同时，随着对混淆主体和在混淆发生时间上的拓展，进而产生了初始兴趣混淆和售后混淆（旁观者混淆）。由于传统商标保护的观念总是集中在弱商标对强商标声誉的"窃取"，继而拓展到强商标对弱商标的"吞噬"，使商标保护更为全面，继而发展出反向混淆的类型。由此，广义的混淆可能性的概念被学界通说所接受。

综上所述，除传统的来源混淆外，混淆可能性的类型已经发生了极大的扩展，并且会随着经济发展的需要发展出更为丰富的类型和内容。但无论混淆可能性的内容发展到何种程度，总不能脱离商标功能对其的影响。

---

❶ 对于混淆理论的发展过程将在下文以专章进行论述，对混淆可能性的起源、确立、扩张以及基于该发展路径并结合本节最后对混淆可能性所下之定义，对当前的混淆可能性的分类进行详细介绍。

❷ 张体锐.商标法上混淆可能性研究［M］.北京：知识产权出版社，2014：21-22.

4 混淆可能性的含义与类型

因此，应当结合商标的功能对混淆可能性进行定义，以求其能够涵盖混淆可能性的全部内容。

4.2.4 从商标功能角度诠释混淆可能性的含义

通过本书第2章从消费者行为学角度对商标功能的解释，以及本章对于混淆可能性立法、司法及学理含义的分析可以看出，混淆可能性与商标功能关系密切。首先，商标的识别功能发展至今，商标所识别的不再限于商品或者服务的产地或者其生产者。识别功能的范围涉及商品从产生到消亡过程中所有对该标志拥有实际管控能力的主体，商标所适用的经销商、加工商、进口商及其他具有关联关系的主体。该功能在消费者行为学视角下体现为，当外来刺激与先前储存在消费者记忆中的信息相匹配时，存储于记忆网络中的信息节点便可以被激活，并经连线扩散至记忆网络中的相关节点，从而使消费者依据先前经验做出相同的购物决策。在消费者记忆中的诸多节点中最容易被激活且传递能量最大的节点被称为中心节点，其往往是商标标记，而与该标记关系最为密切的节点信息通常为商标的权利人或者与其有关联关系的商标控制人。当侵权人通过复制、仿造等方式实施商标侵权行为时，会导致消费者将其与记忆网络中的信息节点出现匹配的错误，从而使消费者将与商标权人商标这一中心节点的相关信息与侵权人的标记通过连线进行连接，最终导致商标识别功能的破坏。为此，出于保护商标识别功能之目的，混淆可能性理论及时做出回应。

如上文所述，广义的混淆不仅包括消费者对商品的来源发生混淆，还包括对原被告之间的关系发生了混淆，这种关系包括但不限于母子公司、赞助、许可等。正如Jacobs先生在"Sebal"案中对《指令》中混淆的解读一样，混淆包含了公众对标志和商标产生的直接混淆和公众对标志的所有人与商标之间建立了联系的混淆。另外，商标的品质保障功能的本质是生产者维持其所提供商品品质的稳定性。结合消费者行为学分析结果来看，生产者只有将其提供商品的水平始终维持在稳定状态内，才能保证消费者以该品牌的记忆网络保持稳定，从而为消费者每一次购物行为做出相同购物决策提供支持。混淆可能性通过对侵权行为的规制，避免外来因素对品质保障功能的侵害，让消费者进行每次购买决策时所依据的商品信息更加真实稳定。

综上所述，商标的识别来源功能、品质保障功能与混淆可能性关系密切。无法发挥功能的标记难以称作商标，混淆可能性正是为保障商标功能的发挥而产生的。商标功能的发挥不仅使商标标记得以上升为商标，更能为消费者的消费决策提供准确稳定的信息来源。混淆可能性的含义与商标功能具有一一对应的关系。

笔者认为，混淆可能性作为商标侵权的判断标准，以消费者行为学为理论基础的前提下，应将其定义为："未经许可，在相同或者近似商品上使用与权利人相同或者近似的商标，致使施加合理谨慎注意力的相关公众仍极有可能对商品的来产生混淆，或者极可能误认为两商品的控制者之间存在赞助、许可等关联关系，并依此做出错误的购物决策。"

4.3 消费者行为学视野下混淆可能性的类型

4.3.1 初始兴趣混淆的适用

本书第 3 章对初始兴趣混淆作为我国商标混淆可能性标准的赞成与反对观点进行了梳理。笔者认为，根据消费者行为学原理，初始兴趣混淆在多数情况下不应认定为商标侵权，只有当其满足特定条件时才应认定为侵权。通过前文以消费者行为学对商标形成与商标功能进行分析的结论可知，消费者行为学理论中对于商标形成与商标功能影响最深的应为消费者决策。例如，当商标作为中心节点被设置于人的记忆网络，并以此做出购物决策时，宣告商标的形成。又如，消费者通过一个完整的决策过程形成购物体验后，对购物体验的学习，为下一次购物决策提供素材，以致做出相同购物决策的过程彰显了商标识别功能的发挥。由此可见，消费者行为学中的决策理论对解决混淆可能性的理论问题具有积极意义。

习惯型决策理论能够为初始兴趣混淆的严格适用提供理论支持。所谓习惯型决策，是指几乎没有或者很少努力就做出决策。与上文分析商标功能时所用的认知型决策理论相比，习惯型决策往往是无意识的，并且是人们最常用的，被认为是最高效的决策方式。习惯型决策出现偏差通常会受到环境因素和前景理论的影响。当环境以特定的方式对消费者的行为进行暗示时，会对消费者的决策产生影响。实验结果显示，身体的移动通常和喜欢联系，甚至我们身体的移动或其他生理反应能够影响我们的想法[1]。例如，当消费者极为抗拒某个商品时，如果销售人员能够想尽办法让消费

---

[1] 迈克尔·所罗门.消费者行为学[M].12版.杨晓燕，等译.北京：中国人民大学出版社，2018：239.

者可以亲身体验其商品后，消费者往往会放弃抗拒继而购买该产品。虽然这与其本来的心理预期是截然相反的。这也能解释为什么越来越多的商家通过体验店的方式营销自己的产品。前景理论研究者认为，"得失"对消费者决策结果产生影响。消费者的决策的做出往往呈现损失规避倾向。例如，与不能得到某些东西相比，人们往往更害怕失去某些东西。又如，付费讲座与免费讲座相比，人们更可能克服暴风雨的阻碍。因此，人们为获得某件产品付出的代价越多，越不愿意浪费所产生的决策偏差，这种现象在消费者行为学中被称作沉没成本误区。

上述理论能够解释初始兴趣混淆的形成原因。初始兴趣混淆产生于售前，消费者在购买商标品时已无混淆。在没有混淆的情况下，消费者做出了与之前预先设定目标不同的购物决策的原因就是基于习惯型决策产生的购物惯性。如上文所述驱车前往影院误入其他影院的例子，环境因素和前景理论均能对消费者选择将错就错就近选择影院进行观影的购物决策进行解释。首先，消费者来到该影院门口后，对影院环境、影院设施等产生切身感受。如果消费者能够放弃原有的观影计划而是就近在该影院观看电影，则可证明该影院的条件并不比原影院差能够达到消费者的预期。其次，观影者在前往该影院的过程中已经付出了一定的经济成本和时间成本，如果原路返还会导致先前付出的成本付诸东流，在沉没成本误区的影响下，消费者做出了与原目标不同的购物决策。因此，基于习惯型决策理论产生的初始兴趣混淆在很多情况下并不会对商标权人的商誉造成贬损，也没有"搭便车"之故意，仅仅是一种无意识的惯性选择。多数情况下，初始兴趣情境下做出的购物决策与商标权人的商誉无关，恰好相反，消费者往往是受到情境因素影响，基于"侵权人"所提供商品的优质属性而做出的决策。同时，对于目标品牌具有绝对忠诚的消费者无论情境因素的影响力多强，付出的成本再多，也会选择离开，不会因初始兴趣混淆而做出有违自己品牌忠诚的购物决策。

因此，多数情况下初始兴趣混淆并不会毁损商标权人商誉，仅是消费者所做的习惯型决策。因此，要对初始兴趣混淆的适用设定严格的条件。笔者认为，将消费者行为学用于混淆可能性分析，应始终将混淆是否影响消费者决策作为核心。在初始兴趣混淆情境下，如果因初始兴趣混淆造成成本增加从而导致消费者被迫做出决策的，则应当认为商标侵权。反之，即使消费者产生了初始兴趣混淆，但其购物决策均是在完全自主情况下做出的，也不应认定为侵权。故初始兴趣混淆应作为混淆可能性的类型，但其适用条件应被严格限定在以下情形：①未经许可，在相同或者近似商品上使用相同或者近似商标；②施加合理谨慎注意力的相关公众极有可能对商品来源或者关联关系发生混淆的时间为购买前，且购买时这种混淆已经消除；③相关公众的购买决策完全出于自由，未受到客观因素的制约。同时利用多因素测试对初始兴趣进行判断的方法与普通的混淆可能性的判断并无差异。

4.3.2 售后混淆的适用

根据上文笔者对混淆可能性所下之定义，混淆的本质是侵权人未经许可使用商标权人的商标，从而使尽到合理谨慎注意义务的相关公众极有可能对二者商品的来源产生误认，或是极有可能认为二者存在关联关系，在此基础上做出错误的购物决策。一方面，由于在相关公众错误决策下所购买的侵权人商品无法达到商标权人商品的品质要求，从而造成商标权人商誉的贬损。另一方面，会使商标权人丧失潜在的消费者，造成经济损失。因此，要以混淆可能性标准对混淆行为进行规制。结合消费者行为学对售后混淆进行分析，消费需要能够使人产生消费动机，并在消费动机的推动下进行消费决策，从而实施消费行为。我国《商标法》并未明确将售后混淆作为混淆可能性的一种类型纳入商标法的保护。但根据上述混淆可能性的含义与本质进行分析可知，特定情况下，售后混淆的确会导致消费者基于混淆做出错误的购物决策，从而给商标权人带来损害。因此，应将售后混淆纳入混淆可能性的范围之内，并对适用条件做出限制。

消费者行为学中的需求、动机理论能够对售后混淆的产生原因提供理论支持。当消费者出于满足自尊需要的目的购买商品时，其购买商品不再仅仅是满足基础的生理需要，而是获得更高层级的心理需求的满足。因此，对基于自尊需要而购买的商品往往具备知名度高、针对特定群体、持有该商品的人数较少、具有一些独特性质等特点。在满足自尊需要的驱动下，消费者会产生相应的消费动机。满足自尊需要首先使消费者产生的是表现动机，为实现表现动机的消费者往往会选择品牌名贵、稀有、价格高昂的商品。在表现动机的基础上，随着国际知名品牌的持续涌入，消费者产生了趋优动机，高收入群体通过购买奢华品牌彰显自己的名流地位，普通收入者也可以通过购买这些奢华品牌满足自尊需要。不同群体会形成不同的生活方式，生活方式反映了一个人选择如何使用时间和金钱。营销者恰到好处地利用商品的象征意义，帮助消费者完成社会角色的定义。但是随着名牌产品被仿冒，使消费群体间的消费壁垒被打破，导致奢侈商品彰显消费者特殊地位的功能受到贬损，使原有消费者放弃该商品的购买，随之转向其他品牌的商品。

从售后混淆的形成原因来看，只要消费者是出于满足自尊需要购买商品，售后混淆就有存在的空间。但并非出现售后混淆就应认定为商标侵权，因为多数情况下，售后混淆并不必然给商标权人带来损失。因为并非所有产生售后混淆的相关公众都会因混淆产生购买决策。如果相关公众仅仅将仿冒的商品当作商标权人的商品或者认为侵权人与商标权人存在关联关系，但始终不存在购买该商品的可能，则很难认定售后混淆对商标权人造成了损害。因此，在适用售后混淆时，应以相关公众具有因混淆产生放弃购买商标权人商品的购买决策为要求。体现在举证层面，应当要求商标权人举证证明相关公众具有购买商标权人商品的可能。同时，售后混淆作为混淆可能性的一种类型，将混淆主体定位为旁观者，最大的危害是导致混淆主体注意力水平的不一致。混淆可能性标准要求，相关公众应当施以谨慎合理的注意，而售后混淆中的旁观者因受到客观环境和并无购买需求等因素的影响，对侵权产品的注意程度难以达到合理谨慎的要求。因此，应将售后混淆的旁观者扩展为能够因混淆产生放弃购买商标权人商品决策的相关公众，相关公众在做出购买决策前，应对侵权产品施加合理谨慎的注意义务。

4.3.3 反向混淆的适用

通过本书第3章有关反向混淆的论述可知，反向混淆被确认为混淆可能性的一种具体类型，核心理念在于让商标权人享有平等的法律地位，避免申请在后的商标权人滥用自己的优势地位，侵吞小企业品牌的发展空间，导致竞争的消失和垄断的出现。因此，应将反向混淆作为混淆可能性的类型。

根据美国司法实践，对于反向混淆的分析仍然沿用了正向混淆的分析方法，仍应将其视为与正向混淆无异的混淆可能性的一种。首先，不能否认，随着商品经济的发展，混淆可能性的内容发生了极大的扩张，从来源混淆到关联关系混淆的变化引发了反向混淆这一特殊的表现形式，其确实具备存在之合理性。但同时应当注意，不应夸大其影响，特别是仅仅将"方向"作为判断混淆可能性构成与否考虑的要素，而忽视对混淆可能性事实的分析。正如上文所述，对混淆可能性的判断不应是"方向"而应当是构成混淆的事实。笔者认为，之所以反向混淆能够在美国法中得以广泛适用，其原因在于，美国法中判断混淆可能性判断之多因素测试法的运用，使判断商标混淆可能性的各个要素较其他国家更为鲜明，每个判断要素之间具有清晰的界限，同时又可以反映出相互之间的依附关系，是一种操作性很强的判断方法。因此，在对混淆可能性判断时，无论何种形式的混淆都能够被轻松地带入进去。

在我国，在吸收多因素测试分析法积极因素的基础上确立的商标侵权标准，可以使本来模糊的要素分析逐渐鲜明，继而为反向混淆的判断提供空间。有学者指出，反向混淆的成立必须具备两个条件，一是在后使用者需知悉在先商标，大规模使用该商标存在恶意。二是在后使用者与在先使用者处于市场竞争中❶。也有学者对此观点表示支持，其认为不具备竞争关系则不太可能发生反向混淆，同时在后使用者的使用要存在主观的恶意❷。基于此，竞争关系的存在及被告的主观恶意应当是反向混淆着重考虑的因素。这种论断看似合理，但确实对传统理论提出了挑战。

首先，对于多因素测试的运用本身就不是一个量化的公式，每个因素在对判断混淆可能性中的贡献率没有一个确定的标准，是根据个案的情形确定的。同时多因素测试法所罗列之考虑因素也不是一个封闭的表格，完全可以依据具体情况做适当的删除。因此，在坚持运用多因素测试法对反向混淆进行判断原则的前提下，过分强调某个因素的重要性，甚至将其作为必须考虑的对象显然与传统理论不符。另外，对于竞争关系问题，美国作为反向混淆适用的代表性国家，其在判例中并未体现反向混淆的成立必须是存在竞争关系。反之第二巡回法院甚至在判例中直接写道，反向混淆包括非竞争关系的产品。由此，对于国内学者所指出的，反向混淆应以竞争关系存在为条件显然不妥。甚至于，被告的主观意图要件显然也与我国业已形成的混淆可能性判断标准相冲突。商标侵权并不以被告存在主观恶意为前提已成为共识，在反向混淆中特别突出对被告主观意图的认定显然与此相悖。

故笔者认为，对反向混淆进行判断时，不应对某个或者某些要素给予

---

❶ 李琛. 从"非诚勿扰"商标案的几点思考 [J]. 知识产权，2016，1: 5.
❷ 武黄双. 反向混淆理论与规则视角下的非诚勿扰案 [J]. 知识产权，2016，1: 29–32.

更多的关注。应结合反向混淆规制的是大企业利用自身强大的经济实力限制小企业品牌发展的特点，对因素测试法的具体适用做出设定。笔者在此试举几例进行分析：

（1）显著性要素。因为商标的在后使用者具有强大的经济实力，使在先使用者无法通过使用获得显著性，也就意味着，在先使用者商标本身需要具备很强的内在显著性。同时应当注意，反向混淆中商标的在先使用者的力量是弱小的，如果原告的实力不够弱小，则不会构成反向混淆。在正向混淆案件中，原告商标在市场上的影响越大，其越容易胜诉。而在反向混淆案件中，情形则正好相反，原告商标市场影响越弱，其越容易胜诉，当被告拥有一个强商标时，更是如此❶。

（2）事实混淆要素。对反向混淆可能性的判断中，对于事实混淆的认定应为，是否公众相信原告的商品被被告分割或者拥有。基于被告商品在市场上的强大占有率，可以以消费者的调查报告作为证明的依据。在正向混淆案件中，问卷调查的对象为在后使用者的商品或者服务的潜在购买者。而反向混淆语境下，应侧重观察相关公众是否将标识来源与在后使用者的商标而非在先使用者的商标联系起来，因而反向混淆问卷调查的对象应当是在先使用者的客户。在证明的内容上，应当是潜在购买者能够证明这种混淆影响了他的购买决定。

（3）被告人主观意图要素。主观恶意不是判断混淆的必要条件，但可以作为判断被告是否具有恶意的因素。在正向混淆案件中，将主观的善意因素作为评价的判断要素，同样可以认为该要素能够作为反向混淆的判断要素。例如，被告在使用某一商标前未进行必要的检索，并使用了该商标可以作为恶意证据。反之，被告可以通过该因素证明自己不承担责任。正如在"蓝色风暴"案中，法院指出，依据我国《商标法》的规定，构成商标侵权并不要求侵权人主观上具有过错。但是，法院同样关注了对被告恶意的证据，法院提出并没有相关证据可以证明被告进行了相应的注册商标检索的事实。当然，对于每个要素是否应予以考虑，以及从何种角度进行分析，应从个案实际需要出发，在遵循多因素测试的分析原则的基础上，根据反向混淆之特征进行适当的调整。

---

❶ 彭学龙.商标反向混淆探微：以"蓝色风暴"商标侵权案为切入点[J].法商研究，2007，5：142.

5 我国《商标法》中混淆可能性的司法判定标准

依前文所述，包括美国在内的欧洲各主要国家将混淆可能性作为商标侵权判定的主要依据。我国《商标法》经 2013 年、2019 年两次修订均将混淆可能性确立为商标侵权的判定标准。但是，对于商标侵权判定诸多要素中"相似性"与"混淆可能性"关系的判断一直存在争议，导致司法实践的适用不明。笔者认为，在确立混淆可能性标准的前提下，应进一步厘清相似性要素与混淆可能性要素的关系，为混淆可能性的司法判定确立前提基础。

王太平教授根据相似性和混淆可能性的关系不同将其划分为混淆可能性吸收相似性标准、混淆可能性内化于相似性标准、以相似性为基础以混淆可能性为限定标准[1]。混淆可能性吸收相似性标准下，混淆可能性是侵权判定的唯一依据，"相似性"的判断是独立而客观的，相似性仅为判断是否发生混淆可能性的一个因素。混淆可能性内化于相似性标准，其核心内容为将"相似性"作为判定商标侵权的标准，但是对于相似性的判断应以是否发生混淆为依据。以相似性为基础混淆可能性为限定标准，则将混淆可能性作为判断商标侵权的依据，但相似性在侵权判定中应作为混淆可能性判断的前提，在符合相似性要求的基础上，全面综合分析是否产生混淆可能性从而做出是否侵权的判定。需要特别指出的是，在适用该标准时，对于"相似性"的判断存在一定争议。争议的核心内容在于，"相似性"的判断是否与"混淆可能性"判断相互独立，对于相似性的判断是否包含了对混淆可能性考虑即混淆性相似。为了论述方便，笔者将前者表述为以客观相似性为基础混淆可能性为限定标准，而将后者表述为以主观相似性为基础混淆可能性为限定标准。

针对"相似性"与"混淆可能性"关系的判定，李扬教授在其著作中

---

[1] 王太平.商标法原理与案例[M].北京：北京大学出版社，2016：229.

指出，对于商标近似的判断可以划分为商品来源混淆说和标记本身混淆说。商品来源混淆说认为，两个标记是否近似，应当根据使用在相同或者类似商品上的标记，是否存在导致相关公众对商品来源产生混淆的可能性进行判断❶。如果认定被告标记的使用存在导致相关公众混淆商品来源的可能，或者认为其来源与被告注册商标的商品有特定的联系，则认定被告使用的标记与原告商标标记属于近似标记，反之则不属于近似标记❷。而标记本身混淆说认为，标记是否近似，应该根据市场交易中标记本身是否可能被混淆作为标准❸。

对于商品类似的判断而言，将其划分为商品属性说和来源混淆说。商品属性说认为，商品是否类似，无须考虑注册商标的知名度，被告使用的标记与原告注册商标之间的关系等具体情况，只需着眼于商品本身的用途、品质、交易渠道、交易对象等情况，按交易的一般观念进行判断即可。来源混淆说认为，应当考虑与商标的关系，并考虑附着一定标记的商品是否产生来源混淆的可能性，进而判断商品是否类似❹。

综上所述，来源混淆说将"相似性"作为判断商标侵权的依据，而对于相似性的判断需要结合混淆可能性的多种因素进行综合判断。这与混淆可能性内化相似性标准具有一致性。而标记混淆说与商品属性说则将"混淆可能性"作为判断商标侵权的唯一标准，这与混淆可能性吸收相似性和以相似性为基础混淆可能性为限定标准具有一致性。同时，其与混淆可能性吸收相似性标准的区别在于强调"相似性"判断的独立价值，而与以主观相似性为基础混淆可能性为限定标准的区别在于强调"相似性"判断的客观性。

5.1 混淆可能性司法判定标准立法案例

5.1.1 混淆可能性吸收相似性标准

根据美国《商标法》15U.C.S.1114条之规定，混淆可能性为其判断商标侵权的标准。同时混淆可能性是美国法中判定商标侵权的唯一要素，即

---

❶ 小野昌延，三山俊司.注解商标法（下卷）[M].东京：青林书院版社，2016：1106.
❷ 田村善之.商标法概说[M].2版.东京：弘文堂，2000：206.
❸ 李扬.商标法基本原理[M].北京：法律出版社，2019：220.
❹ 同❸：223.

商标是否侵权，仅看其是否很有可能引发相关公众的混淆，如不是很有可能引发相关公众混淆，则不构成侵权。美国司法实践中采多因素测试（multifactor tests）对商标是否具有混淆可能性进行判定。目前，美国各个巡回法院所采用的多因素测试均直接或者间接来源于1938年美国法学会的《侵权法重述》，《侵权法重述》第729条中针对具有竞争关系的市场主体间"混淆可能性"的判断要素进行了总结，形成了"四要素说"。同时，《侵权法重述》第731条对具有非竞争关系的市场主体的商标之间"混淆可能性"要素的判断进行总结，形成了"九要素说"。起初，巡回法院在适用以上清单时，是将存在竞争关系的商标与存在非竞争关系的商标分而适用的。后来这种关系出现了崩塌，巡回法院通过一系列判例对"混淆可能性"的判断要素进行了扩展，无论是否具备竞争关系，都适用统一的多因素测试。从而实现了非竞争性商品或者服务的"混淆可能性"判定要素与竞争性商品或者服务的"混淆可能性"判定要素的结合。

例如，美国第二巡回法院在"坡拉瑞德"案中形成的"坡拉瑞德"要素（Polaroid factors），将商标强度、商标相似性程度、产品相似性程度、在先所有人跨越产品之间距离的可能性、真正混淆、被告使用自己商标的真诚性、被告产品质量、购买者的经验和世故，作为混淆可能性的判定要素。第一巡回法院在判例中将混淆可能性的判定要素总结为商标的相似性、商品的相似性、双方商业渠道之间的关系、双方广告之间的关系、可能的购买者层次、真正混淆的证据、被告采纳有关商标的意图、原告的商标强度[1]。

第五巡回法院在"Roto-Rooter"案中形成"乐通"要素（Roto-Rooter factors），将商标类型、设计的相似性、购买者和出售者的身份、广告的传播媒介、被告的主观意图及事实混淆作为判定要素。"乐通"要素对第一、第四、第十一巡回法院在适用多因素测试时起到了重大影响，但"乐通"要素并未将"购买者的经验世故"因素（sophistication of the relevant consumer population）作为判断要素。巡回法院指出，在本案中造成4位消费者混淆的原因在于其本身的疏忽大意而非因相似造成的混淆，本案的核心问题即4位消费者的事实混淆能否代表普遍社会公众的消费经验，相关

---

[1] 李明德.美国知识产权法［M］.北京：法律出版社，2014：569.

消费者经验在本案中不应被考虑。最终，第四、第五、第十一巡回法院未将"购买者的经验世故"要素作为判断"混淆可能性"的因素。

"杜邦案"中，将商标的相似性与非相似性、商品或服务的性质以及是否类似、贸易渠道的相似性或者不相似、购买者购买相关商品或者服务的条件、在先商标的知名程度、实际混淆的性质和程度、共同使用而没有造成混淆的期间和条件、其他有关使用效果的事实等13个要素作为混淆可能性的判断要素。当前美国司法实践中对混淆可能性的判断要素较之《侵权法重述》时代有了极大丰富，并仍继续发生变化。美国司法实践中，对混淆可能性判断要素的适用从未产生过统一的标准，依据审判实践所提炼的判断要素仅在个案中起参考性作用，在相关侵权案件中，法院不一定讨论相关清单中的所有要素，也没有必要对所有要素给予同等重视，适用各要素的目的是得出是否发生混淆可能性的结论❶。

实证研究表明，商标的相似性、被告意图、商品类似性、原告的商标强度和实际混淆证据是混淆可能性的核心判断要素❷。同时，无论核心要素还是非核心要素，混淆可能性判断的这些因素既不是判定侵权的充分条件也不是必要条件，它们只不过是一种"穿越沼泽地"的"实用指南"、一种"穿越灌木丛"的"小径"和用来为这种模糊的调查添加结构的分析性框架❸。正如在1988年"维恩石油公司"案判决中所指出的："在确定同时使用两个竞争性商标是否有可能引起混淆时，这些要素仅仅是一个指南，它们不意味着数学式的精确，原告也没有必要为了胜诉而说明所有或者大多数所列举的要素存在于某一特定案件中。"❹

混淆可能性吸收相似性标准下，多因素测试法在反向混淆的判断中仍然适用。如上文所提"Sport stick"案中，第二巡回法院运用坡拉瑞德要素对该案进行了具体分析：

（1）针对商标的固有显著性要素。商标的固有显著性可以分为通用名称、描述性名称、指示型和臆造型四类。Sport是一个常用词汇，通常与个人护理产品相关联去表达年轻的运动生活方式。Stick是一个通用名

---

❶ 李明德. 美国知识产权法［M］. 北京：法律出版社，2014：569-570.

❷ 王太平. 商标法［M］. 北京：北京大学出版社，2016：239.

❸ 同❷：240.

❹ 同❶：570.

称，通常用于指代固体止汗剂。维博词典中的"Stick deodorant"就是该词被一般性使用的例子，并且该词也常常被用作指代卷筒型的唇膏棒。原告的产品被包装成类似于这种唇膏的样子。但是，在评估商标显著性的时候，"Sportstick"应当被作为复合的词语审视，而不是将其归纳为常用的词汇"Sport"和"Stick"。尽管该两个词汇在个人眼中是描述性的词语，但是联合起来用的显著性明显强于分别使用。找寻这些分类的区别是非常困难的，法院认为"Sportstick"是指示性标志。该标志不具有很强的固有显著性和不寻常的想象力，不足以产生对产品特性的描述。"sport"和"stick"的合并使用暗示了产品的形状和使用方式，但是需要通过一定的想象力去推测产品的性质，这就是指示性标志的本质。对于标记的这种分类与其整体强度相关，但这不是单一的决定因素，必须结合商业环境进行评估。原告在市场上的成功经营是本因素所要考虑的相关内容。原告从1982年起就开始使用"Sportstick"，并且在唇膏市场中仅仅获得了一些小的成功。原告的"Sportstick"广告投放主要集中于本地市场。在全国范围内销售的失败经历表明，"Sportstick"并没有使原告的产品在公众的意识中产生联系。原告商标在市场中被第三方广泛使用也与商标显著性有关。例如，被告在其产品文件中广泛使用"Sport"和"Stick"，包括60多种使用"Sport"，尽管原告使用的是"Sportstick"。法院认为，原告商标在市场中仅仅为中等强度，不具有由法律进行强保护的可能。

（2）针对商标的近似要素。这个因素对原告有利，"Sportsitck"和"Sport Stick"具有相同的读音。被告在电视广告中使用"Sport Stick"，不能与"Sportstick"进行区别。但是，一些因素削弱了两个商标的相似程度。第一，原告的"Sportstick"作为一个单词出现在原告的包装上，并且作为产品的唯一的标识。但是，被告的产品将"Sport"和"Stick"在其设计的跑步的图形上分开使用于包装上。第二，"Sport"和"Stick"在被告包装上的一个被广泛认可的由被告所创的"RIGHT GUARD"标志前面出现，将近似的商标与公司的名称结合使用，将降低混淆的可能性。另外，"Sport"和"Stick"被用在包装上，其字的大小是"Right Guard"的三分之一，其大小和除臭剂或止汗剂一样。并且"Sport"与"Stick"在广告中也同样是这个样子的。产品本身的明显差异，使消费者认为原告产品来源于被告的可能性降低。然而这些因素无法阻止法院认定商标近似，在对混淆可能性进行最后判断时与这个因素分配的权重有关。

（3）针对产品的类似要素。商品近似的因素对被告有利，被告的产品与原告既不存在竞争也没有同样的用途。尽管唇膏和除臭止汗剂都是个人护理产品，它们不是竞争产品，同时被用于不同的服务目的。进一步说，它们的大小、外观、形状也不相同。

（4）消费者的混淆可能性。在这种环境下，产品主要通过同样的渠道进行销售的意义不大，特别是这些产品都是大量销售于一般的商店。在不存在竞争关系的情况下，对坡拉瑞德要素下建立混淆可能性需要更强有力的证明。

（5）产品间市场的距离要素。这个因素需要考量原告产品进入被告止汗剂市场的可能性。这个因素反映了这样一个事实，商标法和反不正当竞争法所保护的是在先使用者在未来进入相关领域时的利益。证据显示，原告没有进入该领域的意图，因此这个因素降低了混淆可能性。

（6）真实混淆要素。原告没有提交真实混淆的证据，真实混淆证据的缺失导致混淆可能性存在的可能性降低。在这一点上有利于被告。

（7）侵权者主观意图即善意（goodwill）要素。该因素所反映的是，被告在使用原告商标的时候是否看起来存在利用原告商誉，并且在原被告之间是否存在商品的混淆。被告需要通过检索和听从律师的建议以证明其善意。被告在产品上市前对商标进行了检索，认定原告的注册商标为"Sportstick"。被告使用与原告相似的商标并不必然得出恶意的结论。与混淆可能性有关的主观意图的判断是看被告在使用商标的时候是否有促进混淆和利用在先使用者的商誉的意图。被告未通过使用"Sport Stick"实现利用原告商誉的目的，表明被告在使用"Sport Stick"没有恶意。

（8）针对商品的质量要素。这个因素主要反映了原告致力于防止对其声誉的破坏，公众会将被告的质量较低的商品与原告的商品产生联系。该案中对这个因素的考察对被告有利。但是，法院指出，仅仅靠这个因素不能阻止原告胜诉。在后使用者即使产品质量很高，也可能会承担侵权或者反不正当竞争的责任。

（9）针对购买者的经验要素。坡拉瑞德要素最后分析的一个因素是在相关市场上潜在消费者的经验，成熟的消费者在购买产品时会更加谨慎，因此不太可能产生混淆，原告所销售的唇膏的价格约为2美元。原告产品的消费者往往被视为临时的购买者，他们会花费很少的时间去思考是否购买该商品。该案的主要问题是，零售商产生了原告的商品是来源于被告的错误认识，并且可能会猜想到原告的产品来源于被告，由此侵害了原告的销售能力。零售商通常会被认为是具有较高消费经验的购买者，这个因素在一定程度上降低了零售层面上的混淆的可能性。至于在商店里购买唇膏的一般购物者的混淆可能性，如上文所讨论的，产品不类似，把被告在止汗剂上使用"SPORTSICK"商标造成混淆的可能降到最低。

根据上述美国司法实践中运用多因素测试法进行混淆可能性判断的实例可以看出，相似性仅仅是判断混淆可能性的一个因素。虽然在实证研究中仍然将判断要素划分为核心要素与非核心要素，但是这些要素之间均是并列关系，对每一个要素的判断均是独立进行的。由此可以得出结论：在混淆可能性吸收相似性标准下，对相似性的判断是独立而客观的，其仅作为判断侵权商标是否产生混淆可能性的一个因素，并且与其他混淆可能性要素的关系是相互平等的，在适用上也不存在先后优劣之分。

5.1.2 以相似性为基础混淆可能性作为限定标准

相似性为基础混淆可能性为限定标准与混淆可能性内化相似性标准相比，最大的特点在于，强调对于相似性判断与其他混淆可能性要素在判断上的先后顺序。由上文可知，根据对相似性判断是否应含有混淆可能性因素的判断为依据，将该标准划分为客观相似性为基础混淆可能性为限定标准与主观相似性为基础混淆可能性为限定表标准。以李明德教授为代表的多数学者认为，对于相似性的判断是一个主观概念，混淆可能性应内化于相似性之中。换言之，对相似性的判断不是对商标、商品或者服务物理状态的判断，而要结合混淆可能性的判断因素予以认定。即"相似性"应为混淆性相似，显著性和知名度等混淆可能性的判断因素也应作为相似性的判断因素。在商标和商品被认定为混淆性近似后，仍需进一步对是否会使相关公众对近似商标附着于类似商品或者服务上产生来源混淆进行判断，如果产生混淆则认定侵权，反之则不能认定侵权。

而以王太平教授为代表的学者认为，相似性应为客观判断，在对相似性进行考虑时不考虑混淆可能性因素。正如其对于商标近似的论述，被控侵权商标与原告注册商标相比较，其文字的字形、读音、含义，其图形的构图及颜色，或者其各要素组合后的整体结构相似，或者其立体形状、颜色、组合、声音近似。这种商标近似不仅不考虑混淆可能性，而且也不考虑相关商标的显著性与知名度[1]。也就是说，王太平教授所指以相似性为基础混淆可能性为限定标准，其相似性为客观相似性，商标在音、形、义上被认定为近似，商品或者服务在客观状态下被认定为近似，在此基础上，进一步结合混淆可能性对是否构成侵权进行判定。王教授指出，造成这种分歧的原因主要是对《指令》序言第11条的解读不同，支持主观说的学者对该条的翻译为：

鉴于注册商标的保护还适用于商标与标识近似以及商品或者服务类似的情况，必须结合混淆的可能来解释相似性的概念；混淆可能的适用，其认定取决于多种因素，尤其取决于商标在市场上的知名度、与已经使用或者已经注册商标的联系、商标与标志的近似程度，以及商品或者服务间的相似的程度。

支持客观说的学者则认为：应当将"必须结合混淆的可能来解释相似性的概念"翻译为"在商标与标识近似以及商品或者服务类似的情况下，必须解释与混淆可能性相关的相似性的概念"。如果对《指令》序言第11条做出如此解读，则此时对于相似性的判定应当是一种独立于混淆可能性的客观性判定。持客观说的学者同时对其做出上述解读的原因进行说明，其认为，《指令》序言第11条第一部分反映的是，当被控侵权的标志与商标及其商品或者服务均相同的情况下，无须考虑混淆可能性即构成商标侵权。第二部分则反映的是标识与商标近似以及商品或者服务近似情形下的判定，在这种情况下应当就相似性进行判断。而第三部分是对混淆可能性的判定要素的说明，主要包括商标的知名度、与在先商标的联系特别是相似性的程度。支持客观说的学者认为，如果将第二部分解读为混淆可能性内化于相似性即主观判断标准。那么，在进行混淆可能性的判断时将再一次对相似性进行判断，从而造成一种循环论证。为了避免循环论证的出现，则在对相似性进行判断时应坚持客观标准。除了对《指令》序言11条的解释外，持客观说者的另一种理由是，他们认为，欧盟法院在司法实践中对于相似性的判断采取了客观说的判断标准，并在相关文章中援引"Canon"案的判决，得出结论：在欧洲相似性对于商标侵权的判定具有独立地位，并且是判断混淆可能性的前提条件，如果没有相似性的存在则不会对混淆可能性进行考虑。并且欧盟所考虑的相似性是一个客观

---

[1] 王太平.商标法原理与案例［M］.北京：北京大学出版社，201：288.

概念，对相似性的判断无须考虑混淆可能性❶。但是，笔者在对"Canon"案进行分析后，并未得出欧盟法院适用客观说的结论。现尝试以该案为例，试分析欧盟法院在对相似性进行判断时所采用的标准。上文已经通过"Canon"案的判决证明了在欧洲关联关系混淆是混淆可能性的重要内容。而"Canon"案中所涉及的另一项重要议题，就是相似性的判断标准问题。

　　该案中，1986 年美国 Metro-Glodwyn-Mayer 公司（MGM）于德国申请注册"CAMMON"商标，核定适用商品为盒式录影带胶片，电影和电视组织制作电影的生产和分销。依据德国商标法（Warenzeichengesetz）第 5 条（4）（1）项的规定，日本佳能公司（CKK）向德国专利局提出申请，认为 MGM 的商标申请侵犯了其在先文字商标"Canon"的权利，该"Canon"文字商标核定适用商品为静态和动态画面摄影机和放映机，电视电影和记录设备，电视转播设备，电视接收与再现设备，包括电视录制和重放的碟盘装置。依据德国法律，商标的审核注册应由两位审查员完成。第一位审查员认为依据德国法的规定，两个标志近似并且其各自核定使用的商品或者服务类似，从而驳回了注册申请。第二位审查员则持反对意见，认为两个商标不近似。后来佳能公司提起诉讼，其坚持认为依据德国法二者商标不构成近似。德国联邦专利法院（Bundespatentgericht）初审认为，商品或者服务类似的判断可以考虑，商标的显著性和商品或者服务使用的方法，特别是其制造和销售的渠道等因素，以至于能够使普通消费者（average purchaser）认为商品或者服务是由相同的企业制造的才认为商品或者服务类似。初审法院认为本案的情况不能满足以上条件。后该案被上诉至德国联邦最高法院（Bundesgerichtshof），上诉法院要求欧盟法院对在适用《指令》之第 4 条（1）（b）款时，在确定两个商标所涵盖的商品或服务之间的相似程度是否足以引起混淆可能性时，是否必须考虑在先商标的显著性，特别是商标的知名度因素这一问题做出解释。诉讼参与人主要持两种意见，即佳能公司、法国和意大利政府坚持在对相似性进行判断时要考虑商标的显著性及知名度，而英国政府和本案的被告则坚持相似性的判断是一个独立客观标准，不应考虑商标的显著性和知名度。可见，在欧盟成员国之间对于相似性的判断仍存在较大的争议。

---

❶ 王太平，卢结华. 欧盟商标法上侵犯商标权的判断标准 [J]. 知识产权，2014，11：81-82.

Jacobs 主席在对该案的评析中就相似性的判断问题进行了讨论,其认为,本案的核心问题在于依据《指令》商标的显著性和知名度在判定相似性时能否被考虑。换言之,是否允许出现这样一种情况,在对同一组标识与商标及其商品或者服务的相似性进行判断时,当考虑商标的显著性时,商品和服务被判定为相似。当不考虑标志的显著性时,商品和服务被认为不类似,或者说在对商品或服务的近似判断时应当是客观的。

佳能公司、法国政府和欧盟委员会坚持主观标准且认为,商标的显著性与商品或者服务的相似性判断有关。意大利政府认为,相似性是一个抽象的无法基于客观要素独立进行判断的要素,必须结合混淆可能性对与之相关的相似性概念进行解释,认为商品和服务相似的判断不是一个客观性的判断❶。英国政府则认为,在注册阶段,对商品或者服务的相似性进行判断时,混入在先商标的知名度因素将会增加审查员的负担并延长审查程序,会使很多公司陷入商标注册程序的泥沼。商品或者服务相似性的边际是模糊不清的。如果混淆可能性的问题提出是要解决商品或者服务是否相似,则相似性的问题就没有意义了,那么,唯一的问题就是是否存在混淆可能性了,基于此,《指令》的结构就应发生变化。

欧盟法院在权衡了本案事实的情况下,对于德国上诉法院提出的问题做出了如下解释:即基于《指令》第 4 条(1)(b)款在先商标的显著性和知名度,在确定两个商标所使用的商品或者服务是否具有相似性并足以导致混淆可能性时必须予以考虑❷。Jacobs 主席亦指出,在适用《指令》在对商标和标识所适用的商品或者服务的相似性进行判断的时候,应当考虑在先商标的显著性和知名度,以决定是否足够相似从而引发公众的混淆可能性。

根据上述对《指令》第 11 条以及 Canon 案的判决分析,笔者认为可以得出以下几点结论:

---

❶ 参见:Camon Kabushiki Kaisha v. Metro-Goldwyn-Mayer Inc, Case C-39/97 Opinion of Mr Advovate General Jacobs.

❷ 《指令》第 4 条(1)(b)款,此处原文是:the distinctive character of the earlier trade mark, and in particular its reputation, must be taken into account when determining whether the similarity between the goods or services covered by the two trade marks is sufficient to give rise to the likelihood of confusion.

第一，欧盟及主要成员国已经形成了以相似性为基础混淆可能性为限定的商标审查及侵权判定标准。该标准明确了以下问题：在对商标侵权进行判定时，首先对商标与标识的近似以及商品或者服务是否类似进行判断，只有在至少有一者近似或者类似的情况下才进行混淆可能性的判断，若二者均未出现近似或者类似之情形则无须进行混淆可能性之判断，也应对相关商标予以行政上的确认或不认定为侵权。换言之，即使商标或者商品及服务中的任何一个因素近似或者两个因素均被判定为近似，并不当然认定为商标侵权，最终要通过混淆可能性的判断才能得出结论。"相似性"对于商标侵权具有独立价值，有以下理由可以支持这一观点：

从商标权能角度分析，商标的积极权能和消极权能决定了商标侵权标准认定的范围。如果说商标权人积极权能的范围是一个圈，那么商标相同和商品或者服务相同则决定了这个圆圈的边界。对商标相同和商品或者服务相同的认定清晰简单，因此商标积极权能的范围容易确定。商标权人在该范围内享有对商标进行控制、复制、收益以及处分的权利，同时也拥有排除他人干涉的商标禁止权。在"双相同"条件下，积极权能与消极权能的范围是一致的。但是，当相同商标或相同商品或者服务的形态发生变化，继而由相同转为商标近似和商品类似的判断时，则使权利范围扩大，而扩大的部分便不再是商标专用权的范围，而进入禁止权的范围。至于禁止权边界位置模糊而不可捉摸，这是因为商标近似和商品或者服务的类似具有模糊性。由于对近似和类似认定的标准不同，会导致禁止权边界的缩小或者扩张。为了使其明确和具体化，实现平衡市场竞争和维护私权的立法目的，则通过混淆可能性对其进行限制。可见，在对商标审查和商标侵权进行判断时，首先进行相似性的判断有助于法官将权利人的权利边界确定下来，继而判断是否有必要通过混淆可能性对权利人禁止权的范围进行判断。

第二，从《指令》序言第 11 条行为表述的顺序进行分析，无论主观说还是客观说均认为应首先判断商标的相似性，再对混淆可能性进行分析。正如在英国"TREAT"案中法官所指出的，《指令》序言第 11 条不仅仅问"是否有混淆"，而且问"商品是否类似"，如果类似，接着问"是否有混淆的可能"，区分这一点十分重要[1]。另外，欧盟商标审查及审理标准

---

[1] 李明德，闫文军，黄晖．郃中林．欧盟知识产权法［M］．北京：法律出版社，2010：495.

也指出，商品或者服务的类似是混淆可能性的必要条件。也就是说，商标服务的类似是混淆可能性的前提条件❶。

第三，以相似性为前提混淆可能性为限定标准，欧盟及各成员国对于"相似性"适用的主客观性存在差异，不仅各国在法律条文表述与司法实践中存在不同，即使是欧盟法院在对成员国提交解释法律的申请进行解释时也存在差异。可以说，对于相似性判断适用的主客观性目前在适用上较为混乱。例如，"Canon"案中采相似性判断的主观标准，无论欧盟法院的判决还是主席的解读，均认为相似性与混淆可能性是不可分开的整体，对于相似性的解读不能孤立进行。正如该案判决所表述的那样，在先商标的显著性和知名度，在确定两个商标所使用的商品或者服务是否具有相似性并足以导致混淆可能性时必须予以考虑。由于显著性是商标获得注册的必要条件，而对于显著性的判断又与商标的客观属性紧密相连。因此，无论如何对于相似性的判断都无法摆脱混淆可能性的影响。

但是欧盟法院在审理"IKEA"案❷中却采用了客观性标准，初审法院在对两商标进行比较后认为，两商标在视觉效果上近似度很低；IKEA本身无含义，而idea本身有明确含义，因此在含义上不认定近似，且两个商标在发音上不近似。因此两个标识本身不认定为近似。法院同时指出，根据既往判例，在两商标本身近似的情况下，在先商标的知名度越大，认定近似的可能性越大。但是，鉴于本案的两商标标识本身并不构成近似，差别很大，因此，即使在先商标的知名度很大，也不会影响近似的判断。从上述裁判可以看出，本案中欧盟法院通过对商标标识的音、形、义进行客观性比较得出商标不近似，同时将商标近似与知名度这一混淆可能性的判断因素进行了严格的区分。不仅体现了相似性判断的客观性，也体现了相似性判断在侵权判断中的基础性地位。

由上述两案可以看出，欧盟法院在适用该标准时，相似性判断的主客观标准也不时发生变化。而且从"Canon"案中可以看出，欧盟成员国之间对于相似性判断也持不同态度。德国、法国法院在对商标近似进行判断

---

❶ 王太平.商标侵权判断标准：相似性与混淆可能性的之关系［J］.法学研究，2014，6：169.

❷ 参见：T-112/06 IKEA案判决书第76-80段。

时主张采主观标准，而英国❶法院则主张采客观标准。

综上所述，对于欧洲国家普遍适用的以相似性为基础混淆可能性为限定标准，突出强调相似性商标侵权判定中处于独立地位，是判定商标侵权的前提。而最终侵权是否成立则要依赖于是否使相关公众产生混淆作为标准。但是对于相似性判断的主观与客观性在司法实践中存在较大的不确定性。

5.1.3 混淆可能性内化于相似性标准

日本是采混淆可能性内化于相似性标准的代表国家之一。根据日本《商标法》第三十七条的规定，一共列举了 8 种侵犯商标权的行为。其中该条第（一）项规定，在指定商品或者指定服务上使用和注册商标近似的商标的行为，或者在与指定商品或者服务类似的商品或者服务上使用注册商标或者与其近似的商标的行为。该条所列之商标侵权情形可以分为两种：第一种，在相同商品或者服务上使用近似商标的行为；第二种，在类似商品或者服务上使用近似的商标。从条文表述可以看出，本法是以相似性作为判断商标侵权的标准。自 1959 年日本《商标法》正式制定至今，共经历了三十余次修改，各类制度得以不断完善，但对于第三十七条第（一）项之内容始终未发生变化。但是在司法实践中，对于相似性的判断已经发生了变化，不再仅仅拘泥于对商标及其所适用的商品或者服务的物理属性的判断，而是将混淆纳入了对相似性判断的因素之中，即将混淆可能性内化于相似性的判断。例如，在山水印案中，日本最高法院在裁判中指出，虽然两个商标读音相似，但根据外观和含义均有很大差别，以及其他市场交易情况，消费者很难对商品来源混淆❷。也就是说，虽然从条文表述中日本仍将相似性作为判断标准，但经过司法实践的推动，混淆可能性已经内化于相似性的判断之中。事实上，虽然日本《商标法》的侵权条款的表述仍将相似性作为判断标准，但是在审查标准中实际已经确立了相似性＋混淆可能性标准。例如，该法第五十三条规定，在指定商品或者服务或者与其类似的商品或者服务上使用注册商标或者与其近似的商标，致使他人对商品的质量或者服务的品质发生误认或者和他人业务所属的商品或

---

❶ 英国已于 2020 年 2 月脱欧。
❷ 王太平. 商标法原理与案例 [M]. 北京：北京大学出版社，2016：232.

者服务发生混淆的,任何人都可以提出撤销该商标的申请❶。

综上所述,商标侵权判定标准主要包含混淆可能性吸收相似性标准、相似性吸收混淆可能性标准、以相似性为基础混淆可能性为限定标准。其中对于以相似性为基础混淆可能性为限定标准又有客观相似性与主观相似性之分。笔者认为,应结合我国《商标法》的规定及司法实践状况,选取适当标准,正确处理好相似性和混淆可能性的关系问题。

5.2 客观混淆可能性限定标准

5.2.1 我国混淆可能性标准的法律适用

自2013年《商标法》修订后,混淆可能性被立法正式确立为商标侵权判断标准。但是相关司法解释与《商标法》对于相似性与混淆可能性关系的判断上存在冲突。2013年《商标法》第五十七条(二)项❷将混淆可能性作为判定商标侵权的标准。2019年新修订的《商标法》未对该法条进行修订,体现了立法者对于混淆可能性标准适用的决心。从法条表述出发,我国《商标法》上之混淆可能性应属于上述以相似性为基础混淆可能性为限定的类型,即如果仅存在商标近似或者商品类似并不认定侵权,而是当很可能产生混淆时才被认定为侵权。"相似性"与"混淆可能性"应作为两个独立的价值进行判断。相似性应被解释为客观性近似,即商标近似是指被控侵权的商标与原告的注册商标相比较,其文字的字形、读音、含义及图形的构图及颜色,或者其各要素组合后的整体结构相似,或者其立体形状、颜色组合、声音近似❸。商品类似的判定应符合上述商品属性说的内容,即商品是否相同或者类似着眼于商品本身的用途、品质、交易渠道、交易对象等状况,按照交易上的一般观念进行判断即可。

我国相关司法解释、商标审查标准对于相似性与混淆可能性的关系上存在与商标法的不一致性。例如,根据《商标民事纠纷解释》对商标近似和商品或者服务类似所作之定义,相似性的判断采用主观标准。《商标民事纠纷解释》第十条(三)项要求,应当将显著性和知名度作为商标近似

---

❶ 日本商标法[M].李扬,译.北京:知识产权出版社,2012:36.

❷ 未经商标注册人的许可,在同一种商品上使用与其注册商标近似的商标,或者在类似商品上使用与其注册商标相同或者近似的商标,容易导致混淆的属侵犯商标专用权的行为。

❸ 王太平.商标法原理与案例[M].北京:北京大学出版社,2016:288.

判断的考虑因素，是相似性判断坚持主观化的体现。《商标审查及审理标准（2016年版）》❶（以下简称《商标审查标准》）沿用了之前版本对于商标近似的认定方式，对于商标近似适用主观标准，将混淆可能性内化于相似性之中。《最高人民法院关于审理商标授权确权行政案件若干问题的规定》（以下简称《授权确权规定》）并未对商标近似与商品类似的含义进行说明，根据《最高人民法院关于审理商标授权确权行政案件若干问题的意见》（以下简称《授权确权意见》）第14条的规定❷，商标评审程序中进行的相似性判断参照《商标民事纠纷解释》的规定处理。可见，商标侵权与商标评审中对于相似性判断均适用主观标准。

司法实践中，法院严格适用司法解释的规定，对相似性判断采主观标准。例如，2008年"红河"案中，最高人民法院认为，是否构成侵犯注册商标专用权意义上的商标近似，不仅要比较相关商标在字形、读音、含义等构成要素上的近似性，还要考虑其近似性是否达到足以造成市场混淆的程度，为此要根据案件的具体情况，综合考虑相关商标的实际使用情况、显著性、是否有不正当意图等因素，进行近似判断。最高人民法院综合考虑申请人与被申请人商标的强弱，认为"红河"商标显著性较弱，相反"红河红"商标经过长期使用具有了较强的识别性和一定市场知名度，从消费者一般注意力出发，不会发生混淆或误认。同时结合"红河红"商标的实际使用情况，"红河红"商标的权利人也不具有混淆的不正当意图。从而判定商标不近似，未构成侵权。从该案裁判可以看出，最高人民法院严格依照司法解释进行裁判，以相似性吸收混淆可能性作为侵权判断标准，即当商标被认定为不近似时则侵权不成立。可见《商标法》与司法解释之间存在关于"相似性"与"混淆可能性"关系的冲突。

---

❶ 《商标审查及审理标准》第三部分指出：商标近似是指商标文字的字形、读音、含义近似，商标图形的构图、着色、外观近似，或者文字和图形组合的整体排列组合方式和外观近似，立体商标的三维标志的形状和外观近似，颜色商标的颜色或者颜色组合近似，声音商标的听觉感知或整体音乐形象近似，使用在同一种或者类似商品或者服务上易使相关公众对商品或者服务的来源产生混淆。

❷ 最高人民法院关于审理商标授权确权行政案件若干问题的意见14条：人民法院在审理行政授权确权案件中判断商品类似和商标近似，可以参照《最高人民法院关于审理商标民事纠纷案件适用法律若干问题的解释》的相关规定。

我国现行商标法律制度框架下已不再能够适用"相似性吸收混淆可能性"标准。该标准能够在日本适用是因其《商标法》第 37 条（一）项将在指定商品或者指定服务上使用和注册商标近似的商标的行为，或者在与指定商品或者服务类似的商品或者服务上使用注册商标或者与其近似的商标行为构成商标侵权。"相似性"是商标侵权判定的落脚点。随着司法实践中混淆可能性被相似性所吸收，混淆可能性判断中的综合因素被相似性判断充分采纳，进一步增强了商标侵权判断的合理性。但是，商标法并未对此条进行修改，这样做的目的在于进行混淆性相似判断后直接得出商标侵权与否的结论，而不至于陷入循环论证。可以说，日本商标法的条文表述为其"相似性吸收混淆可能性"的适用提供了空间。

如上文所述，我国司法解释及司法实践与我国现行《商标法》在处理相似性与混淆可能性的关系上存在冲突。这与我国商标侵权立法的历史传统具有较大关系。如本书绪论部分所述，2013 年《商标法》实施前，我国长期采"相似性"作为商标侵权的判断标准，将未经商标注册人的许可，在同一种商品或者类似商品上使用与其注册商标相同或者近似的商标的行为判断为商标侵权，此时的相似性判定为客观性判断。

但是，随着审判实践的不断深入，对商标理论的创新提出了新要求。为了应对商标行政确权授权和侵权案件审判的实际需要，实践中进行了一系列理论创新。例如，为合理确定商标权的保护范围创立了商品侵权意义上的近似的概念，形成了商标近似与商标构成要素近似的认识。从制止市场混淆的角度出发，只有构成混淆性近似才能构成商标侵权判定中的近似，而不仅仅是商标各要素在事实上的近似❶。混淆性近似理论的提出对"相似性"商标侵权判断标准具有积极意义，通过混淆性近似理论的引入，扩大了商标权的保护范围，体现了商标权利的弹力性。

在这些理论的指导下，《商标民事纠纷解释》《商标审查标准》等规范性法律文件中逐步吸纳了混淆性相似的规定。因此在 2013 年《商标法》实施前，我国与日本一样将相似性吸收混淆可能性作为商标侵权判断的标准，并在该标准指导下形成了包括上述"红河"商标案在内的一系列典型案例。2001 年《商标法》以相似性判断作为侵权认定的唯一标准，将混淆性因素纳入相似性的判断之中不会造成循环论证。但是随着 2013 年

---

❶ 孔祥俊.商标法适用的基本问题[M].北京：中国法制出版社，2014：90.

《商标法》实施，以相似性为基础混淆可能性为前提的标准得以确立。"相似性"成为判定侵权重要因素作为侵权判断的前提应予以优先考虑，但最终是否构成侵权应落在是否发生混淆的问题上。如果继续依据《商标民事纠纷解释》的规定，在相似性判断过程中引入混淆判断因素，就会出现上文提出的循环论证问题：

为什么商标被认定为近似，商品或服务被认为类似？

答：因为发生了混淆。

为什么发生了混淆而被认定为侵权？

答：因为商标近似、商品或者服务类似。

因此，需要确立相似性判断的客观化标准。

5.2.2 混淆可能性标准下"相似性"判断的客观化和独立化

如上文所述，在判断商标侵权过程中对于相似性和混淆可能性的关系问题的处理上，主流解决方案存在三种模式，即混淆可能性吸收相似性、相似性为基础肯定性为限定、混淆肯定性内化相似性标准。以王太平教授为代表的学者提出，在现行商标法的立法框架下，采用客观相似性为前提混淆可能性为限定标准最为适宜，并对其合理性进行论述。笔者赞同将此种模式作为我国商标侵权判断的标准，并在此基础上结合消费者行为学理论对其合理性进行更深一步的论证，提出"客观混淆限定论"，在该理论框架下对于相似性判断应当是客观的，并独立于混淆可能性的判断，只有在涉案商标和商品至少有一个构成相似的前提下，才对混淆可能性进行判断，将混淆可能性作为划定商标禁止权范围的"调解器"。

2013年修订的《商标法》正式将以相似性为基础混淆可能性为限定标准作为商标侵权判断标准，现行《商标法》并未对其进行修改。如上文所述，由于《商标法》《商标民事纠纷解释》《商标审查标准》等规范性文件存在冲突，同时由于"相似性吸收混淆可能性"标准作为司法政策被长期适用于司法审判实践中，导致审判实践中多数法官并未发现商标立法与《商标民事纠纷解释》等规范性文件中的冲突。虽然将混淆可能性作为商标侵权判断标准已被广泛接受，但是对"相似性"的判断问题并未被厘清。例如，在对商标近似进行判断时，依据《商标民事纠纷解释》之规定，将显著性与知名度作为判断商标近似的依据，从而得出混淆性近似的结论。在混淆性近似的基础上，部分裁判会直接认定侵权成立，部分裁判则会"假装"对是否导致混淆进行判断最终得出侵权的结论，事实上，早

5 我国《商标法》中混淆可能性的司法判定标准

在混淆性近似被确定后,构成侵权的结论已植入法官的心中。还有部分法官在混淆性近似得以确定的基础上仍会对是否发生混淆进行考虑,但这又不免落入上文所述循环论证的问题之中。因此,可以说受现行《商标法》的影响,我国司法实践中商标侵权判断在处理相似性与混淆可能性的关系问题上存在混乱。

笔者认为,混淆可能性是商标侵权判定的唯一标准,是否构成侵权就是判断相关公众是否很有可能产生混淆。而相似性是商标侵权判断的前提条件,对其判断应坚持客观标准,即"客观混淆可能性限定理论"。在此标准下形成的商标侵权判断思路为,法官首先从商标标记和商品的物理状态出发,判断诉争商标是否构成近似,商品是否构成类似进行判断。如果商标标记与商品不具备相似性,则直接判断不构成商标侵权。反之,如果商标标记和商品具备相似性,则在此基础上转入混淆可能性的判断,通过多因素测试方法,全面评估是否会使相关公众产生混淆可能性。采用该标准的优势在于,不仅能避免商标侵权判断问题上的循环论证,而且随着相似性判断的客观化,可以提升商标侵权判断的可预测性。支持"客观混淆可能性限定"理论的理由如下:

(1)符号学研究为"相似性"判断采客观性标准提供了依据。商标是一种符号,而符号学作为专门研究符号的科学为"相似性"判断客观性提供了依据。现代符号学开拓者索绪尔将符号划分为两个方面,即能指和所指,其中能指是指声音形象,所指是指声音形象所表达的概念,符号是能指和所指的统一❶。简单地说,能指代表符号的形式是客观的,所指则代表符号的内容。这就好比著作权法中存在思想与表达二分原则的表述,即著作权法保护表达而不保护思想。而著作权法所保护之表达绝不仅仅是表达的内容,而是包含了表达内容与表达形式两方面因素。符号学进而认为,所指与能指构成密不可分的整体,所指是符号的灵魂,能指作为符号形式较之所指具备优先性❷。将符号学理论运用于商标理论可以得出结论,商标

---

❶ 皮埃尔·吉罗.符号学概论[M].怀宇,译.成都:四川人民出版社,1988:50.
❷ 王太平.商标概念的符号学分析——兼论商标权和商标侵权的实质[J].湘潭大学学报(哲学社会科学版),2007,5:22-26.

应由商标所使用的商标标志和商标标志所蕴含的商品的信息组成❶。商标标志是商标的表现形式即符号学中的能指，根据《商标法》规定文字、图形、字母、数字、三维标志、颜色组合和声音等，以及上述要素的组合，均可以作为商标申请注册。该规定即是对商标的能指商标标志的表现形式进行的描述，意在告知人们何种物理形态的形式可以注册成商标。基于符号学中能指优先于所指理论，商标的表现形式作为"相似性"的组成部分应对其进行客观化的优先判断，即对商标标志"音、形、义"做出客观判断。

（2）消费者行为学为"相似性"判断的客观化提供了依据。第一，消费者获取外界信息本身是客观的。如上文所述，消费者获取消费信息是感觉、知觉、记忆、学习等多种心理活动共同运作的过程。在这个过程中，极为依赖人的感知器官功能的发挥。以感觉为例，根据刺激物的性质以及对它所作用的感官的性质，感觉可以分为外部感觉和内部感觉。外部感觉直接接受外部刺激，如视觉、听觉、嗅觉、味觉、触觉等。根据我国《商标法》的规定，图形、数字、颜色组合、声音等在不违反法律禁止性规定的前提下，均可注册为商标。因此，视觉和听觉作为感觉的类型与商标相似性的判断关系紧密。

视觉作为人的重要感觉，是外界光刺激人的视觉感官产生的。因此外来光的属性及人体视觉器官的属性共同影响了人视觉功能的发挥。人可以看到的各种颜色、各种景物都是光经折射后在人眼中形成的象，而自然界中存在的光本身的特性是客观的。例如，光的传播速度、光的频率、光的波长都是客观的，即使是超出人可见光波长范围的不可见光也是客观存在的。

第二，人的视觉器官也是客观存在的，构成视觉器官的眼球、视网膜及视觉的传导过程中大脑中的各种传导器官都是客观存在的生理结构。由此，从消费者获取消费信息的起点感觉，便是一个客观化的过程。而商标形成和商标识别功能发挥的过程从消费者行为学角度来看，就是运用记忆网络中的事先存储的中心节点与新的外来刺激进行匹配，当外来刺激与中心节点信息相匹配时，消费者会依此做出消费决策。但是，消费者并不能将商品或者服务表达的全部信息与记忆中的内容进行比较，其往往只能关注到外来刺激中的部分内容。例如，说到奥林匹克五环，大多数人都能在记忆中形成对该标志的认知，如果将几个由不同的五种颜色组合的五环标

---

❶ 王太平.商标概念的符号学分析——兼论商标权和商标侵权的实质［J］.湘潭大学学报（哲学社会科学版），2007，5：22-26.

志放在人们面前时，准确地选择出正确的标志往往是困难的。但是，如果把奥林匹克标志与其他国际组织的标志进行对比并让人进行选择时，又是如此地容易。消费者所做的认知型购买决策，通常是基于对大量商品信息的分析，包括但不限于商品的外观、品牌、品质、生产者等。在众多因素中，人们并不能记住所有的信息，商标标记往往能够成为人的记忆网络中的中心节点，消费者记忆网络的激活通常是由商标开始的，由此中心节点向外传播，帮助消费者做出购物决策。

从消费者行为学角度出发，商标侵权行为始于对于商标外观的模仿，基于相关公众对于商标信息的不完全掌握，使其产生误认。具体而言，商标作为在生产者与消费者之间进行商品或者服务信息传递的工具，可以及时有效地消除交易双方之间的信息不对称。消费者识别商标的过程本质上是将脑海中业已形成的对商标客观物理状态的记忆与眼前商标外观进行匹配的过程。但是，由于绝大多数消费者只能在脑海中形成对于商标信息的部分记忆而非全部，使侵权人利用相同或者近似商标造成相关公众对于商标标志与商品或者服务联系上的认识错误。因此，可以说消费者获取消费信息并据此做出决策的过程都是以商标标记的客观形态作为中心的，所以商标侵权行为的实施也是从仿冒、仿造相同或者近似的商标标记开始的。因此，对于混淆可能性的判断应从商标标记和服务的客观相似性判断开始。同时，值得注意的是，消费者购买决策的做出也同样会受到消费者心理活动等主观因素的影响，包括消费者的介入、注意程度、需求、动机等。因此需要混淆可能性限定功能的发挥。

（3）对于"相似性"判断采客观标准，可以避免循环论证，遏制商标权保护的扩张。商标权包含两类基本权能，即专用权和禁止权。《商标法》对于专用权的保护是绝对的，专用权的保护范围是清晰固定的，即商标权人对于核准注册的商标在指定的商品或者服务上享有权利。专用权在法律上体现绝对性，体现了权利人对于权利客体的支配。但是《商标法》对于禁止权的保护则体现出相对性，权利人仅能禁止他人未经许可，在相同或者类似商品上使用相同或者近似商标的行为。

在商标权双重权能属性的影响下，经过长期司法实践，形成了对于商标专用权的强保护与禁止权领域的弹性保护。例如，司法政策指出："既以核定使用的商品和核准使用的商标为基础，加强商标专用权核心领域的保护，又以市场混淆为方针，合理划定商标权的排斥范围，确保经营者之间在商标的使用上保持清晰的边界，使自主品牌的创立和发展得到足够的法律空间。"未经商标注册许可，在同一种商品上使用相同商标的，除构成合理使用的情形外，认定侵权行为时不需要考虑混淆因素。由此，对于商标专用权的保护采客观和固定化保护，而对于商标禁用权的保护则采弹性保护，对于弹性保护强弱的把握则依靠混淆可能性进行把握。

通过上文所述，纵观全球商标立法，对于商标权的保护呈现出扩张趋势，主要体现为对于混淆种类的扩张。以至于部分国家甚至抛弃了混淆理论，试图以反淡化作为商标权保护的要求，一再突破商标权相对性属性。笔者认为，坚持对于"相似性"标准的客观化判断，对于在一定程度上延缓因混淆扩张导致的商标权保护范围的扩张具有积极意义。因为，相似性判断主观化可能使得在相同商品上适用商标标记不近似的行为被认定为商标侵权行为。例如，同样被用于男性壮阳药物的壮阳产品商标"伟哥"和"万艾可"，如果仅从商标标记的客观属性出发，则二者在音、形、义的认定上存在很大差异。在进行商标侵权判定时，会因其不满足"相似性"这一基础条件，而无须进行混淆可能性的判定，从而被认定为不构成侵权。从结论上说，不构成侵权的判定与商标禁用权的保护范围具有一致性。但是，如果根据主观标准，则有可能因为相关公众会因将国产"伟哥"与美国辉瑞公司所产之"万艾可"产生混淆，进而被认定为商标近似，从而被认定为商标侵权。相似性主观化的判断，一方面会导致与商标禁用权保护范围的不一致，另一方面会导致商标侵权判断的标准仍滞留于相似性的判断，而非混淆可能性的判断。

综上所述，从符号学、消费者行为学及商标权保护范围限制等角度出发，将客观相似性判断作为混淆可能性判断的前提和基础具有重要意义。下文将对以客观相似性为基础混淆可能性为限定的商标侵权标准司法判定中各个要素的具体适用方法进行梳理，为该标准下的商标侵权司法实践提供切实可行的建议。

5.3 客观混淆可能性限定标准下"相似性"的判断

客观混淆可能性限定标准下对"相似性"的判断包含了对商标近似性和商品类似性的判断。商标以其简洁的外观将商品信息传递给相关公众，从而提升相关公众的购买效率。根据信息理论，商标是传递商品信息的代码，生产者通过对商标的使用，将商标与其提供商品的品质、性能等与企业商誉密切关联的信息连接起来，产生一一对应的联系，并且这种联系具有唯一性。商标侵权人便是通过破坏这种唯一对应关系，使相关公众基于错误认识做出错误的购买决策。心理学研究表明，在人类的诸多感觉器官中，视觉感官所获得的信息量最大，占据所有感官接受信息的80%[1]。因此，对商标的外观进行复制、模仿和改造是有效、直观的引导消费者产生错误认识的手段，绝大多数混淆的发生都是建立在商标相同或者商标近似的基础上的。因此，对于商标相同和商标近似的判断在商标侵权的判定中均处在重要地位，甚至能够决定最终的判决结果。例如，在对192个被实施初步禁令的判例中，其中121个案件（占总比例的64%）中商标构成近似，从而对混淆可能性的发生会产生有效影响，而这些案件中，最终有84%被认定为存在混淆可能性并被认定为侵权。而在34个案件中，法院判定商标不构成近似，并且在这34个案件中，均未被判定侵权[2]。从该统计数据结果可知，大量案件因商标近似被认定为侵权成立。因此，应对商标近似性、判断予以重点关注。

根据客观混淆可能性限定标准，对于商标相同和商标近似的判断应坚持客观标准，即以商标标志的客观物理状态作为判断依据，而不考虑混淆可能性的因素。但是，由于我国商标立法长期受到"相似性内化混淆可能性"判断标准即来源混淆学说的影响，现行有效的商标性规范性文件、司法政策、司法判例中对于商标相同和商标近似的含义的界定多采用主观标准。笔者认为，现有立法条文表述下，适用来源混淆学说会导致循环论证问题的出现。应当设立以客观相似性为基础混淆可能性为限定的侵权判定标准。由于当前我国商标立法对于商标相同和商标近似含义的界定均建立在混淆可能性内化相似性学说的基础之上，因此笔者尝试在以客观相似性为基础混淆可能性为限定标准下，界定商标近似性的含义。

5.3.1 商标近似性的含义及判断原则

5.3.1.1 商标近似性的含义

商标的近似性包含了商标相同和商标近似两个方面。博思兰认为[3]：

---

[1] 罗子明. 消费者心理学 [M]. 北京：清华大学出版社 2007：131-132.

[2] Barton Beebe. An Empirical Study of the Multifactor Tests for Trademark Infringement [J]. 94Cal.L.Rev, 2006：1608.

[3] Jason J.Bosland. The Culture of Trademarks：An Alternative Culture Theory Perspective [J]. Media & Arts Law Review, Vol 10, 2005：7.

"商标的被给予的含义是被听众、消费者或者读者强加的可能性解释"。因此，对于商标含义的确定与混淆可能性一样应以相关公众作为解释的主体。根据上文对于商标积极权能与消极权能的论述，在相同商品上使用相同商标是商标权人行使其积极权能的范围，而消极权能的行使范围不仅限于在相同商品上使用相同商标，还可以扩展至在类似商品上使用近似商标，而消极权能行使的边界则以是否导致相关公众混淆为标准。由于对商标与商品相同的判定是确定的，已经形成了"双相同"条件下，不需要混淆可能性。例如，《与贸易有关的知识产权协定》（简称 TRIPS）第十六条将在对相同货物或服务使用相同标记的情况下，应推定存在混淆的可能性。由此，在"双相同"条件下，将被推定构成侵权，除非侵权人有相反证据证明，不存在混淆可能性。

我国《商标法》对"双相同"条件下的商标实施绝对性保护，即未经商标注册人的许可，在同一种商品上使用与其注册商标相同的商标的认定为侵犯商标权的行为。也就是说，在"双相同"条件下，不考虑混淆可能性因素。虽然对于"双相同"的保护脱离了混淆可能性的判断，但其与理论和司法实践更加相符。即"双相同"条件下的绝对保护，使商标权人的权利具有更强的财产性与绝对性，而混淆可能性条件下的相对保护具有更多的竞争性和相对性。如果"双相同"下仍要求混淆，必定严重挤压商标权法律空间❶。而在美国司法实践中几乎 99% 的案件都被认定为存在混淆可能性，从而被判定侵权。因此，由于"双相同"条件下，不以混淆作为判断侵权的依据，所以对于商标相同的判断是完全客观化的。《商标民事纠纷解释》第九条的规定，商标相同，是指被控侵权的商标与原告的注册商标相比较，二者在视觉上基本无差别。这里的基本无差别并非客观物理意义上的完全相同，而是一种实质性相同。在普通谨慎相关公众的一般认知水平条件下，商标存在细微差异的仍可认定为相同。根据《商标审查标准》的规定，商标相同是指两商标在视觉上基本无差别，使用在同一种或者类似商品或者服务上易使相关公众对商品或者服务的来源产生混淆。这与我国《商标法》第五十七条（一）项、《商标民事纠纷解释》第九条及"双相同"条件下商标的绝对保护中不以混淆可能性作为判断依据

---

❶ 孔祥俊.商标法适用的基本问题［M］.北京：中国法制出版社，2014：330.

存在矛盾。因此《商标审查标准》的规定存在不当，应将混淆要素排除在外。

同时，随着商标法的修改，对于商标标志的形态进一步扩展，除传统文字、图形等能够通过视觉感知的形态外，还出现了声音商标的形式，如果仅将视觉上的无差异作为商标相同的判断依据，不符合立法的要求。《商标侵权判断标准》也注意到了上述问题，其将商标相同定义为涉嫌侵权的商标与注册商标完全相同或者虽有不同，但视觉效果、听觉感知基本无差别，相关公众一般认为是相同商标的情形。这一表述既使得商标侵权判断标准与商标法对于声音商标的保护达成了统一，也进一步表达了在"双相同"情况下，无须考虑混淆可能性。在对"双相同"的判断中，欧盟商标权也规定得十分严格，即仅仅适用被保护的客体就可以构成商标侵权❶。

从《商标民事纠纷解释》第九条、《商标审查标准》第三部分对于商标近似所下定义可以看出，商标法意义上的商标近似是一种混淆性近似。司法政策指出，相关商标构成要素整体上构成近似的，可以认定为近似商标。如果商标在构成要素整体上不近似，但主张权利商标的知名度远高于被诉侵权商标的，可以采取比较主要识别部分决定其近似与否。认定商标近似还应根据两者的实际使用情况、使用历史、相关公众的认知状态等因素进行综合判定，防止简单地把商标近似等同于商标构成要素的近似❷。由此，商标法意义上的商标近似并非商标客观物理形态上的近似，而是一种混淆性近似。在美国法上，通常可以被理解为商标的近似程度。也就是说，在一些情况下，即使涉案商标的外观非常近似，也因为其不会导致相关公众产生混淆的可能，则不认为商标法意义上的近似，反之亦然。由此在司法实践中逐步创设了商标近似与商标构成要素的区分❸。正如本杰明·内森·卡多佐所言❹："规则必须具有弹性，才能将不断变化的事物囊括其中。"

---

❶ Annette Kurvytautas Mizaras. The Structure of Intellectual Property Law：Can One Size Fit All [J]．Edvard Elagr，2011：172-173.

❷ 《最高人民法院关于充分发挥知识产权审判职能作用推动社会主义文化大发展大繁荣和促进经济资助协调发展若干问题的意见》（法发〔2011〕18号）第19条。

❸ 孔祥俊．商标法适用的基本问题 [M]．北京：中国法制出版社，2014：40.

❹ 本杰明·N.卡多佐．法律的成长 法律科学的悖论 [M]．董炯，等译，中国法制出版社，2002：138-139.

在我国商标立法以"相似性"标准作为商标侵权判断标准的时代背景下，采混淆性近似理论可以避免审判的僵化。但是，随着混淆可能性作为商标侵权的判定要素被引入后，保持司法弹性的任务便由混淆可能性的判断肩负起来，如果继续坚持混淆性近似的认定方式，会使得本就模糊的商标权范围的界定更加困难。

因此，如前文所述，应建立以客观相似性为基础混淆可能性为限定的侵权标准，坚持商标近似判断的客观性。目的就是在混淆可能性判定的诸多要素中，找寻一些易于通过客观性指标量化的要素，将其从混淆可能性的判断中剥离出来，从而保证商标侵权判断的相对客观。在该标准下，商标近似是侵权判定的前提和独立的判断因素，对于商标近似的判断应是对商标标志客观物理状态的判断。事实上，在混淆可能性理论被引入前，虽然混淆性近似的判断标准为司法的主流标准，但是在一些裁判中，可以看到商标近似客观化的影子。

例如，在"稚鸡案"中，最高人民法院认为，两者鸡图形从视觉上看具有明显不同，二者在视觉呼叫上也有明显区别，从整体上比较也与注册商标有明显区别。原告未提交其知名度的证据，被告在其产品上大规模使用了涉案商标且原被告之间形成了较为稳定的市场格局，商标不构成近似[1]。对该判决分析可以看出，本案最终以商标不近似认定侵权不成立，符合"相似性"判断标准，对于商标侵权判断的落脚点是对商标是否构成混淆性近似的判断。本案中法官对于混淆性近似的判断主要考察了涉案商标的外观、读音、被告的实际使用、双方的市场格局及原告的知名度。除知名度因原告未提供证据证明外，其他因素均成为混淆性近似的判断要素。但是在判决中可以清晰看出，法官对商标外观、读音等因素的判断与其他混淆性判断的因素判断存在界限，并且在对商标客观因素判断时已经形成了二者存在较大区别的认知，事实上此时法官内心已经认为侵权的不成立，而后续对于其他混淆性因素的判断只是对这个已有内心确认的强行论证。由此可以看出，在采用相似性判断标准的历史时期，法官就有将相似性的客观判断与混淆可能性判断进行分离认定的情形。

随着客观混淆可能性限定理论的引入，相似性判断的独立性和客观性特点应更加鲜明。另外，虽然司法政策将商标构成要素近似与商标近似进

---

[1] 参见：最高人民法院（2010）民提字第27号民事判决书。

行区分，但是这仅是对特殊情况下为法官商标侵权判定做出提示，为相似性标准下商标权提供弹性保护。但是，需要注意的是，即使在相似性标准下，商标近似仍以客观化为原则，并未由于混淆性近似理念的提出，产生过多的异化判例。正如孔祥俊教授所指出的："商标构成要素近似而不构成近似商标的情形必须是特殊的，需要有特殊的和正当的事由，不能成为随便使用的托词。"❶

综上笔者认为，在客观混淆可能性限定理论下，商标近似是指涉嫌侵权的商标和他人注册商标相比较，文字商标的字形、读音、含义近似，或图形商标的构图、着色、视觉近似，或文字和图形组合商标的整体排列组合方式和整体视觉近似，或立体商标的三维标志的形状和整体视觉近似，或颜色组合商标的颜色或者组合近似，或者处于商品特定位置，图形、颜色、立体形状或者以上诸要素的构建成近似或声音商标的听觉感知近似。该定义去除了《商标民事纠纷解释》《商标审查标准》中容易导致混淆的规定，强调对商标近似的判断应坚持客观性标准。

5.3.1.2 商标近似性的判断原则

根据《商标民事纠纷解释》第十条规定，商标近似判断的基本原则包括：相关公众的一般注意力原则、隔离比对原则、整体比较原则、主要部分比较原则、考虑显著性与知名度原则。曾陈汝明教授将判断原则划分为一般原则与参考原则，一般原则包括一般购买人施以普通注意力原则、通体观察即比较主要部分原则、异时异地隔离观察原则，参考原则包括两商标之显著性及强弱之程度、指定使用商品或服务之性质、消费者在购买时是基于潜在发生混淆之程度、商品商标之信誉实际销售量之多寡等，均应通盘考虑❷。张体锐教授将商标近似的判断原则归纳为七个，包括普通消费者的一般注意力标准原则、相对差异性更多权衡近似性原则、通体观察原则、比较主要部分原则、考虑商标使用背景原则、依据现实市场条件适用隔离比较与并行比较原则、考虑商标强度原则❸。笔者认为，商标相似判断原则直接影响着商标相似性含义界定和个案中相似性的具体判断。因此，商标近似判断原则一经确立就应当具有普遍适用性。曾陈汝明所提到的参

---

❶ 孔祥俊.商标法适用的基本问题［M］.北京：中国法制出版社，2014：142.
❷ 曾陈明汝.商标法原理［M］.北京：中国人民大学出版社，2003：132.
❸ 张体锐.商标法上混淆可能性研究［M］.北京：知识产权出版社，2014：121-131.

考原则及张体锐教授所述考虑商标使用背景原则、考虑商标强度原则并非商标相似性判断的普适原则，而是混淆可能性判断的因素。根据前文论述可知，对于混淆可能性的判断，司法实践中并未形成一个统一适用的因素考虑清单，任何一个因素在混淆可能性的判断中均不是必需的，所以上述学者提到的判断原则并不具有普适性。

如上文所述，由于我国立法和司法实践长期受到混淆性近似理念的影响，对于商标近似的判断的一般原则也体现出主观性。例如，司法政策指出："妥善处理好商标近似与商标构成要素的关系，准确把握商标近似的法律尺度。认定是否构成近似商标，要根据案件的具体情况。通常情况下，相关商标的构成要素整体上构成近似的，可以认定为近似商标。"相关商标构成要素整体上不近似，但主张权利的商标的知名度远高于被诉侵权商标的，可以采取比较主要部分决定其是否近似。但是，在以客观相似性为前提混淆可能性为限定的商标侵权判定标准下，对于商标相同和商标近似判断的一般原则应当予以调整。事实上，对于混淆性近似的概念并非我国首创，在英、美、法司法实践中，就有所谓混淆性近似的表达。但司法实践中对于混淆性近似的解读未达成一致意见。有人认为，混淆性近似是指商标同时使用会造成混淆而因此构成近似，还有人认为，混淆性近似指的是商标近似的程度，而与混淆无关。对于混淆性近似的不同解读实际上是由相似性与混淆可能性关系的不同认知导致的。在客观混淆可能性限定理论下，混淆性近似应被解释为商标近似的程度，因此，应综合外观、读音、含义三个角度对商标的近似程度进行判断，当商标达到一定近似程度时，转入对混淆可能性的判断。

有鉴于此，笔者认为，《商标民事纠纷解释》第10条所规定的商标相同和商标近似的一般原则仍然可以适用，但是应当删除其中第（三）项即考虑显著性与知名度原则，从而满足商标近似判断的客观性要求，即商标相似性判断的基本原则是：从相关公众的合理谨慎的注意力水平出发，在隔离比对条件下，既要对涉案商标的整体效果进行比较，也要对其主要识别部分进行比较。由此可以将其作为判断商标近似性的一般原则。

5.3.2 商标近似的判断因素

《商标民事纠纷解释》在为商标近似下定义的同时，也指明了商标近似的判断方法。商标近似的判断本质上就是对文字商标外观、读音、含义是否近似的判断，对图形商标构图、着色和整体视觉效果是否近似，对图文组合商标文字、图形的排列及整体效果是否近似，这三种情况进行判断。《商标审查标准》则给出了对上述商标近似的具体判断方法，《商标审查标准》第三部分将商标近似审查具体划分为文字商标审查、图形商标审查、组合商标审查三部分。对于文字商标近似审查，当汉字、拼音、数字、英文及字母等文字形式单独或者组合出现时，包括十七种近似判断方法、两种图形商标近似判断方法及五种图形与文字组合商标近似判断方法。《商标审查标准》为不同类型商标的近似判断给出了较为具体的判断方法，使商标近似的判断具有了较强的可操作性。虽然我国《商标法》已经将声音商标纳入保护范围，但是由于商标在绝大多数情况下是一种视觉符号，且通过《商标审查标准》可以看出，无论何种形式的商标，对其外观、读音、含义的比较即以相关公众的视觉感知作为基础，构成商标近似判断的基本框架。美国商标法对于商标近似就是对其音、形、义的判断。因此，应当建立具有可操作性的对于商标外观、读音、含义近似的判断规则。

《商标审查标准》中所列商标近似判断方法不可谓不具体，但是规则之间存在矛盾。例如，《商标审查标准》在关于图文组合商标近似的判断时规定：商标外文、字母、数字部分相同或近似，易使相关公众对商品或者服务的来源产生混淆的，判定为近似商标。并举例（图5.1）为近似商标。后在其但书中规定，但商标整体呼叫、含义或者外观区别明显，不易使相关公众对商品或者服务的来源产生混淆的，不判为近似商标，并举例（图5.2）商标不近似。根据上文所述，商标近似判断的原则，在对商标进行整体比较时便可以发现上述商标在整体外观上存在很大的差异，却得出了不同的判断结论。诸如类似的判断在《商标审查标准》中例子颇多，此处笔者不再一一列举。造成这些问题的原因是《商标审查标准》对于商标近似判断问题上缺乏近似判断的原则性规定，同时对于商标近似的判定方法过于细化。

2019年6月颁布的《商标侵权判断标准（征求意见稿）》也采用较大篇幅列举了商标近似的具体判断方法，在很大程度上是对《商标审查标准》的借鉴。在2020年6月15日发布的《商标侵权判断标准》的正式版本中删除了原有的对于商标近似判断的具体方法，仍保留了在判断商标近似时参照现行《商标审查标准》进行判定的规定。但是商标的形式纷繁丛杂，过分拘泥于细化的判定方法难免会出现其难以穷举的新问题和内部规定矛盾的出现。应当进行适当调整，避免对商标近似判断做出机械化的安排，而是结合商标相似性判断的原则，对商标音、形、义的判断方法以及在判断中各自的作用予以明确。对于商标形、音、义的判断不是孤立进行的，如果商标的形、音、义三个要素都近似或者都不近似可以直接得出结论。而对于三个要素判断中个别要素近似而其他要素不近似的商标则应进行全面衡量，才能得出商标是否近似的结论。例如，《商标审查标准》规定中文商标由三个或者三个以上汉字构成，仅个别汉字不同，整体无含义或者含义无明显区别可以认定为近似，但是商标首字读音或者字形明显不同，或者整体含义不同，使商标整体区别明显的可以判定为不近似。

图 5.1 "走运"商标

图 5.2 "常兴"商标

对于商标外观近似的判断在商标近似判断中处于重要地位，商标外观的近似程度往往决定了商标的整体效果或者主要识别部分的近似程度，是商标在绝大多数情况下作为视觉符号的体现。在以客观相似性为基础混淆可能性为限定的商标侵权判定标准下，应当明确对于商标近似判断应是客观的这一前提。具体到对商标外观的判断问题上，就是对文字商标的客观物理状态进行判断。应当在明确商标近似的判断原则即从普通谨慎相关公众的一般认知水平出发，在隔离比对条件下，既要对涉案商标的整体效果进行比较也要对其主要识别部分进行比较的前提下，对商标近似的具体判断做出规定。

根据上述原则，商标近似判断应首先着眼于对商标的整体效果的比较，而非从商标的构成要素出发。两个商标尽管存在单个或者多个特征不近似，但是如果整体视觉效果近似则应认定为近似。正如《侵权法重述》

的评论指出：外形的相似性应当依据标识的整体效果来确定，而不是比较个别的特征来确定。尽管单个的特征可能不近似，但整体的效果可能是相似的。或者尽管单个的特征是相似的，但总体效果可能是不近似的。例如，在"橄榄油商标"案中，欧盟法院认为，两个商标给消费者传递的视觉印象是——穿着传统服装的妇女以特定姿势坐着，旁边是橄榄树，远处有橄榄林作为背景；两个商标图形对空间、颜色、文字位置和风格的编排都十分接近。消费者根据商标的视觉印象进行选购时，通常将商标作为一个整体记忆，而不会去考察其细节。在对整体效果进行比较后，还要对商标的主要识别部分进行比较。一个商标可能由多个要素构成，但是在隔离比对条件下，相关公众多数情况下往往只记住了该商标的主要识别部分，如果主要识别部分与他人商标的主要识别部分近似则，也容易被认定为近似商标。例如，在"贵"字商标案中（图 5.3），最高法院认为："贵"字构成一个相对独立、醒目的识别部分，其与引证商标一、二的文字部分相比较，呼叫和主要部分相同，以相关公众的一般注意力观察，易使相关公众对商品来源产生混淆或误认，构成近似。综上所述，在对商标外观进行近似判断时要依据商标近似判断原则，从整体效果和主要识别部分是否近似进行宏观考虑，这也是商标近似判断基本原则应用于个案的具体体现。

但是，在一些案例中，法院可能会对商标主要识别部分在认定上存在偏差，从而导致商标近似判断结论的不一致。例如，笔者亲历的北京橙悦国际教育咨询有限公司商标行政一案中，北京市高级人民法院认为，诉争商标的显著识别部分文字"橙悦"（图 5.4）与引证商标"悦橙"构成近似，且使用在类似商品上，容易导致相关公众混淆，因此驳回上诉人请求❶。但是笔者认为，法院对于诉争商标的显著识别部分在认定上存在一定问题。从商标的整体结构上看，无论英文 ORANGE JOY 还是左侧图形部分均较之"橙悦"文字在字体的大小及占据的商标的整体空间方面要大得多，相关公众在识别和认读的过程中更容易将其认定为该商标的显著识别部分。而无论图形还是英文 ORANGE JOY 都与引证商标"悦橙"不构成近似。因此，笔者认为不应将"橙悦"作为显著识别部分与诉争商标进行比对。

---

❶ 参见：北京市高级人民法院〔2020〕京行终 3340 号行政判决书。

涉案商标

引证商标1

引证商标2

图 5.3 "贵"字商标

图 5.4 "橙悦"商标

在明确近似判断基本原则在个案中应当予以适用的基础上，应进一步确定外观近似的具体判断规则。由于商标外形种类繁多，《商标侵权判断标准》应当对商标近似判断做出细化规定前，将普适的近似判断规则纳入细化规定，从而为商标外观近似的判断提供参考，避免判断规则矛盾的出现。

根据《商标审查标准》所规定的商标近似的具体判断方法，文字商标构成要素——外观的描述主要运用了文字构成（包括汉字、外文、字母、数字的构成）、字形、设计、排列顺序、整体外观等词语，对于文字构成来说属于言辞性要素。由于商标的呼叫、含义、整体外观对其具有较强的依赖性，因此文字商标的言辞性要素对商标近似的判断影响很大。通常情况下，言辞性要素近似的商标被判定近似的可能性大。而字形、设计、排列顺序属于非言辞要素，当非言辞要素对整体外观产生较大影响时，也会对商标近似的判断产生影响。因此，本书所述对于文字商标"外观"近似的判断包括了商标言辞要素和非言辞要素两方面内容。

对于图形商标构成要素外观的描述《商标审查标准》中仅使用了构图，《商标侵权判断标准》中，出现了着色和整体视觉。笔者认为，构图在图形作品中通常包含图形具体构成、设计等基础要素，对应文字商标的言辞性要素对图形商标的呼叫、含义、整体外观会产生影响较大，而包括着色在内的诸如风格等要素则对应文字商标的非言辞性要素，当对整体外观产生较大影响时，会影响对于商标近似的判断。《商标审查标准》中对于图文组合商标外观的描述则是对上述两类商标外观描述的集合。

通过上述分析，笔者认为，对于外观近似判断的普适规则为：将商标的外观近似判断划分为基础性要素的近似与辅助性要素近似判断，基础性要素主要包括文字商标的文字构成、图形商标的构图等要素，基础性要素通近似通常情况下，商标易被判定为近似。当然也存在例外情况，例如，"诸葛酿"案，文字的编排布局影响了商标的整体效果。这就引出下面一个规则：即当辅助性要素对整体视觉效果产生影响时，也会对商标外观近似的判断产生影响。综上所述，商标外观近似的判断的具体规则为，在隔离比对条件下，既要对涉案商标的整体效果进行比较也要对其主要识别部分进行比较。在对上述两部分进行比较时，基础性要素近似则可以认定外观近似，当辅助性要素对商标整体视觉效果产生较大影响时，要注意对辅助性要素的近似对比。

从消费者行为学理论出发，读音能够作为商标进行判断的要素源于听觉与视觉一样是消费者接受外来信息刺激的一种方式。经听觉器官接收的外来信息可以与视觉器官获得的信息一样的方式进入消费者的大脑，经过学习和记忆的心理过程形成记忆网络的中心节点，为购买决策的做出提供参考。但是，与视觉相比，通过听觉获取外来信息的数量要少很多，如上文所述，大约80%的信息输入来源于视觉。正如亚里士多德所言："即使

109

并无实用，人总爱好感觉，而在诸感觉中，尤重视觉。"可见视觉较之听觉对人接收信息的影响力是最大的，并且多数情况下，消费者在接受外来刺激时是听觉、视觉共同作用的结果，此时听觉对于信息的获取仅仅起辅助作用。因此，在视觉与听觉均得以被触发的购买环境中，读音要素对于商标近似的影响力不大，在商标近似的判断中可以作为一个参考，因为商标作为以视觉感知为主的符号，即使在读音上近似，仍可以通过视觉观察找出商标之间的不同。也就是说，可以通过外观的区别，弥补读音上相同可能导致的商标近似。读音要素对商标近似判断的参考作用主要体现在以下方面，例如，《商标审查标准》规定，商标文字读音相同或者近似，且字形或者整体外观近似，易使相关公众对商品或者服务的来源产生混淆的，判定为近似商标。也就是说，对于文字商标仅读音要素的相同或者近似不能直接判定商标近似，需要辅之以外观近似或整体效果近似，即"商标近似 = 读音近似 + 外观近似"。《商标审查标准》规定，商标文字构成、读音不同，但含义相同或者近似可以被认定为近似；商标文字构成、读音不同，但字形相同或者近似可以认定为近似。由此可见，商标读音的不近似不是商标近似的决定因素。《商标侵权判断标准》也仅在"字形、读音不同但含义相同或近似的"一处出现了读音因素的判断，可见对于商标近似判断中读音因素的判断是辅助性的。

当视觉与听觉器官同时发挥作用时，听觉往往因为视觉器官的强大而被忽略。例如，在"乔丹"系列案件中，最高法院的系列判决表明，原告迈克尔乔丹可以依据姓名权主张对含有"乔丹"中文商标的在先权利，并依此责令商标评审委员会将第三人"乔丹体育"享有的全部包含"乔丹"的中文商标予以撤销，但是对于第三人"乔丹体育"所享有的含有"qiaodan"拼音的商标，一律予以维持。原告迈克尔乔丹不享有在先姓名权。本案得以入选典型案例其典型性体现在明确了以姓名权主张在先权利的具体适用要求，以及首次将市场调研报告作为定案的依据。但是，通过该案可以看出，法院对于文字商标和拼音商标保护的区别。无论文字"乔丹"还是拼音"qiaodan"在读音上具有一致性，理论上都可以由原告基于在先姓名权被撤销掉。但由于原告提供的证据显示，迈克尔乔丹的姓名经过广泛的宣传，仅仅是与中文"乔丹"产生了一一对应的关系，而非汉语拼音的"qiaodan"。而人们在购买相关商品时，更多的是调动视觉去感受商标的外观，当消费者看到"qiaodan"商标时，该商标仅读音与迈克尔乔丹姓名的读音相同的作用力会被其外观、含义所消除。由此可以看出，仅读音上的相似性并不一定导致商标被认定为近似。

国外司法实践中，多数情况下都将仅读音近似的商标置于较弱保护的地位。对于混淆可能性的判断，商标的读音仅被认为是一个并不重要的考虑因素。有学者指出，一般来说，法院在判定商标混淆可能性时较少考虑发音方面的近似，侵权者对它的关注程度较低。商标间发音相似可能产生混淆可能性，但这必须建立在对涉案商标概念、视觉和发音方面相似的全面评估上。在这方面，任何发音相似性的评估只是以全面评估为目的的一个相关因素❶。例如，在Zirh案中❷，法院认为，相似性必须基于对标志的全面审查，根据三个层面的认知（视觉、听觉和概念）。仅仅是听觉相似，而视觉概念不同的话，商标仍不近似。

需要注意的是，当消费者仅仅依靠听觉获取商品信息时，读音对于商标相似性的影响将有所侧重。生产者或者经营者通过电话、互联网音频等非视觉性媒介进行商品的推介时，相关公众无法通过画面获得视觉感受，只能通过商标获取商品信息，此时对于读音要素的判断往往会超出外观、含义要素对于商标近似判断的影响。例如，在瑟尔案❸中法院指出，相关的商品是通过文字和声音进行推销的，消费者通常是通过口头或者电话预约而加以购买，进而认为两个商标在读音上的轻微不同，不能使侵权者免于侵权责任。又如，在"VICROM"与"EYE—CROM"商标案中，法院认为，两个商标毫无疑问在发音上存在相似之处，但是对混淆进行判断的并不是对两个商标都熟悉的人，可能产生混淆的人是只知道一个商标或者对两商标认识模糊的人。法院必须考虑到，根据商品说明去购买商品的消费者及左右消费者消费方向的售货员都可能产生发音不清、发音不正或沟通不畅的情况。同时，法官还注意到了获取商标信息时的周遭环境的影响。由于相关公众获取"EYE—CROM"的方式都是在电话或者是在手术中以对话的方式被医生告知使用该药品，因此，二者在读音上的近似会导致混淆可能性的成立。

---

❶ 路易斯·哈姆斯.世界知识产权组织知识产权保护：案例研究［M］.2版.北京大学国际知识产权研究中心，译.北京：知识产权出版社，2008：92.

❷ 李明德，闫文军，黄晖，邵中林.欧盟知识产权法［M］.北京：法律出版社，2010：498.

❸ 参见：G.D.Searel & Co.v.Chas.Pfizer & Co.，265 F.2d 385（7th Cir.1959）.

综上所述，笔者认为，以客观相似性为前提混淆可能性为限定的侵权判定标准下，商标读音应作为商标相似性判断的一个考虑因素，并且在通常情况下其对相似性判断的影响较外观、含义而言应处于辅助地位。这是由消费者获取商标信息时视觉处于优势地位所决定的。只有在由商品的购买方式使消费者听觉成为消费者获得商标信息的优势感官时，读音近似才能成为商标相似性判断的核心要素。

商标含义近似是指两件商标的文字或图案传达的意思是相似的，有可能误导消费者[1]。客观混淆可能性限定理论下，商标含义相似与外观、读音一样也仅仅是商标相似性判断的一个要素，商标是否近似要对其外观、读音、含义进行综合考虑。对争议商标在视觉、发音或含义上的近似性的全面评估，必须以它们导致的整体印象为基础，尤其要牢记它们显著、主要的组成部分[2]。

从商标含义近似的概念可以看出，对于商标含义近似性的判断包括文字和文字含义的近似判断、文字与图案的近似判断。对于文字商标含义的对比又可以分为中文商标之间含义的对比、中文商标和外文商标含义的对比。首先需要明确的是，无论是文字与文字含义的比较，还是文字与图形含义的比较，该含义必须是相关公众已经熟知的含义。如果用作比较的商标并非相关公众所熟知，则意味着该商标未经相关公众的学习而作为中心节点进入记忆网络，当相关公众受到商标相似含义的刺激时，该中心节点并不会被激活，混淆也无从发生。例如，在盼丽风姿案[3]中，法院认为，涉案法文商标"BENEFIQUE"有吉祥之意，引证商标虽然也包含了中文"吉祥"，但涉案商标的中文含义并不为相关公众熟知，其并不会被认读为"吉祥的"，因此不会发生混淆。

在确立对商标含义的对比应是对相关公众所熟知含义的对比的前提下，对于中文与中文商标的对比，应坚持等效性原则。根据语法规则，可以将词汇划分为实词和虚词，实词为具备独立含义并能成为句子成分的词，而虚词则无实际含义，仅具有功能意义的词汇。因此，对于商标含义

---

[1] 李明德.美国知识产权法［M］.北京：法律出版社，2010：574.

[2] 路易斯·哈姆斯.世界知识产权组织知识产权保护——案例研究［M］.2版.北京大学国际知识产权研究中心，译.北京：知识产权出版社.2008：86.

[3] 黄晖.商标法［M］.北京：法律出版社，2014：139.

的对比，多是实词的对比。具体包括：①当中文商标为名词时，则其指代的人、事、物等客观现象相似时，可认定其含义相似；②当中文商标为形容词或副词时，则其所修饰限制的程度相似时，可以认定其含义相似；③当中文商标为动词时，当其所描述到的动作相似时，可以认定为含义相似；④当中文商标为数量词时，则当其指代的数量相似时，可以认定为含义相似；⑤当中文商标为代词时，则当其所指代的人、事、物等客观要素相似时，可以认定为含义相似；⑥如果商标本身为臆造标记，本身并无实际含义，则判断其在相关公众中是否产生了特定的含义，该含义与商标标记产生了一一对应的联系，如果标记与含义之间具备特定联系，则可认定为含义近似。

在对中文商标与外文商标的含义进行对比时，也应遵循上述规则。但是如上文所述，外文商标中文含义的确定要以相关公众的熟知和普遍接受为前提。同时，还要对无特殊含义的外文商标的音译应进行保护。对于外文音译商标的保护要以该音译已被相关公众所熟知，并产生一一的对应关系为基础，若该音译并未被公众所熟知并在音译汉字与外文之间产生对应关系，则不能判定音译中文与外文商标构成近似。对于文字商标与图形商标含义相似性的判断，要求文字所表达的含义与图形表达的内容指向同一事物。例如，在美孚石油公司案❶中，原告美孚石油公司在其商品上使用了飞马图形商标，象征古希腊神话中的双翼飞马"柏枷索斯"，而被告在其商品中使用了"柏枷索斯"的商标。法院最终认定，被告的"柏枷索斯"一词引发了红色飞马的象征，而飞马在观念中与美孚相联系。换句话说，飞马的象征与它的名称柏枷索斯同义。

综上所述，对商标含义构成近似仅仅是商标近似的一个构成要素，商标近似性的判断要在坚持客观标准的前提下，基于商标的外观、读音及含义进行整体考虑。对于商标含义近似的判断，中文和中文商标、中文和外文商标、中文和外文商标的音译，以及文字商标与图形商标等均要以相关公众普遍接受的含义为依据，以含义等效性为含义近似的判断原则。

5.3.3 商品类似性的含义及判断原则

根据上文所述，在客观相似性为前提混淆可能性为限定的商标侵权判断标准下，客观相似性包含了商标的近似性即商标相同和商标近似的客

---

❶ 李明德. 美国知识产权法 [M]. 北京：法律出版社，2010：574.

观判断，同时还包含了对于商品类似性即商品相同和商品类似的判断。对于商品类似性的判断在各国商标侵权的判定中均处于重要地位。例如，美国学者巴顿贝比在其代表作《商标侵权的多因素测试法的实证研究》一文中指出，当在商标近似性或者商品的类似性程度较高时，被判定侵权成立的可能性很高。我国司法实践中，长期将商品类似性的判断置于重要地位，根据现行《商标法》第五十七条规定，未经商标注册人的许可，在同一种商品上使用与其注册商标近似的商标，或者在类似商品上使用与其注册商标相同或者近似的商标，容易导致混淆的，可以看出商品类似与商标侵权的判定联系紧密。在客观相似性作为商标侵权判定的前提下，对于商品类似性的判断应和商标近似性判断一样，坚持客观标准，将其作为混淆可能性判断的前提条件。如前文所述的与商标近似性相关的混淆性近似概念一样，在国内、外司法实践中出现的商品混淆性近似的称谓，应被解读为商品的类似程度。当商品达到一定的类似程度时，转入对混淆可能性的判断。

商品的类似性包括商品的相同和商品的类似。根据《商标法》第五十七条（一）规定，未经商标注册人的许可，在同一种商品上使用与其注册商标相同的商标的构成商标侵权。《商标侵权判断标准》第九条规定："同一种商品（服务），是指名称相同的商品（服务）以及名称不同但指向同一事物的商品（服务）。"同时，名称相同是指在《商标注册用商品和服务国际区分表》（以下简称《区分表》）和《类似商品和服务区分表》（以下简称《分类表》）中规定的名称或者未规定于其中而在商标注册工作中已经被接受的名称。而名称不同但指向同一事物是指，相关公众一般认为是同一事物的商品。因此，相同商品会被限制在比较狭小的范围之内，只有名称与《区分表》或《分类表》的名称完全相同，以及在功能、用途、所用原料等方面基本相同的商品才会被认定为相同商品。例如，在"KENNY FOOD MANUFACTURING v. LEE TAK FUK TRADING"案[1]中，法院认为，在面包上使用一个核定使用在面粉上的注册商标，并不等于该商标在面粉上的使用。

而对于商品类似，《商标审查标准》规定，类似商品是指在功能、用

---

[1] 路易斯·哈姆斯.世界知识产权组织知识产权保护——案例研究[M].2版.北京大学国际知识产权研究中心，译.北京：知识产权出版社.2008：63-64.

途、主要原料、生产部门、销售渠道、销售场所、消费群体等方面相同或者具有较大关联性的商品。《商标民事纠纷解释》第十一条规定："类似商品，是指在功能、用途、生产部门、销售渠道、消费对象等方面相同，或者相关公众一般认为其存在特定联系、容易造成混淆的商品。"根据上文分析可知，客观标准下的商品类似应当是混淆可能性判断的前提条件，是不考虑混淆可能性的商品类似。因此《商标民事纠纷解释》中的类似商品的含义应被解释为商品的类似程度，在进行商标侵权判定时，在商品的类似程度足够高的前提下，才转入对混淆可能性的判断。《商标侵权判断标准》第十条规定："类似商品是指在功能、用途、主要原料、生产部门、消费对象、销售渠道等方面具有一定共同性的商品。"该规定与《商标侵权判断标准》（征求意见稿）第十条相比，删除了"相关公众一般认为存在特定联系"和"容易造成误认的商品"的表述。前者并非将相关公众排除出类似商品的判定要素，而是将其归入第十二条商品类似的判断原则条款，从而使整个条文在体系上更加流畅。而删除后者则体现了对于类似商品判断客观化转移的倾向。

在以客观相似性为基础混淆可能性为限定的商标侵权标准下，对于商品类似的判断应坚持尊重《分类表》在类似商品判断中的基础性作用，以相关公众的通常认知与一般交易观念进行综合判断，不拘泥于商品本身的自然特性原则。《商标审查标准》规定，《分类表》是我国商标行政管理部门以《区分表》为基础，总结多年类似商品划分的实践制定的文件。出于稳定注册秩序、统一审理标准、提高审理效率的目的，在进行商标审查时，原则上应当参照《分类表》，但由于商品项目的不断更新、发展，市场交易状况的不断变化，以及商标个案差异，类似商品也会随之进行调整。《商标民事纠纷解释》第十二条也指出，认定商品是否类似时，可以将区分表作为商品类似的参考。由此可见，以《区分表》作为商品类似判断的基础得到了法律实践的充分认可，其对提升审理效率、保证裁判的可预测性具有重要意义。同时，司法实践也注意到，交易市场包罗之内容何其丰富，虽然《区分表》也会随着市场的实际需要进行调整，但机械适用《区分表》仍会产生空白和僵化。虽然每年商标行政管理机构都会对《区分表》进行修订，增补新的商品类型，但是仍无法满足日益增多的商品类型。因此，《区分表》应作为类似商品判断的基础，仅应是参照适用。

但是，在司法实践中，往往出现僵化适用《区分表》的现象，很少出现突破《区分表》的案例。例如，根据2017年、2018年商评委一审败诉理由数据百分比显示，分别只有5.2%和6.2%的案件，法院经对《区分表》进行突破认定商品不类似，从而判定商评委败诉❶。这是因为商品类型判断与商标近似相比具有更强的客观性，裁判者通过对商品的客观属性进行分析，将具有密切联系或者共同特征的商品认定为类似商品。

《区分表》就是以商品的功能、特征等要素为基础，对类似特征商品进行的分类汇编。故商标类似判断的稳定性决定了《区分表》鲜有被突破。司法数据显示，对于突破区分表的情形，在25类商品上表现得尤为突出。与其说是法官充分发挥主观能动性对《区分表》进行突破，还不如说是《区分表》在内容设置上出现了问题。例如，根据《区分表》的规定，2501群组下的商品为衣物，而帽、袜等商品分属2508和2509群组，原则上不是同一群组的商品不应认定为类似商品，但也存在突破分类表将25类商品下不同群组认定为类似商品的情形。在啄木鸟案❷中，最高人民法院认为，争议商标指定使用的商品为鞋和靴子，引证商标核定使用的商品是服装等。虽然两者在具体的原料、用途等方面具有一些差别，但是两者的消费对象是相同的，而且在目前的商业环境下，一个厂商可以同时生产服装和鞋类产品，服装和鞋通过同一渠道销售，比如同一专卖店、专柜销售的情形较为多见。本案中由于商品的消费对象和销售渠道具有同一性，从而突破分类表将其认定为类似商品。但也并非所有关于25类商品的类似判定均对分类表予以突破。例如，在SK商标案中，法院就判决认定"袜"与"衣服"处于不同群组，因此认定商品不构成类似商品❸。由此可以看出，司法实践中对于分类表何时能够予以突破存在争议。

从实践经验来看，对于类似商品的判断经历了2007年以前的"主观说"，到2007~2014年的"客观说"，再到2014年以后稳定坚持"客观说"的过程。客观说强调商品的物理属性，注重从商品本身的功能用途、原料、销售渠道、消费对象等要素对商品是否类似进行判定。主观说则突出消费者混淆这一因素，除考察商品本身的物理属性外，也将商标使用、商标知名度、显著性、主观恶意等纳入考虑。上述啄木鸟案的裁判就是在主

---

❶ 孙明娟.2018年商标评审案件行政诉讼情况汇总[J].中华商标杂志, 2019, 10: 12.
❷ 参见：最高人民法院（2011）知行字第37号。
❸ 参见：北京市知识产权法院（2017）京73行初第1161号。

观说期间做出的，对于《分类表》的突破也是在综合考虑了商标近似性、显著性等因素后得出的结论。主观说虽然在一定程度上起到了维护个案公平的作用，但也造成了在商品类似认定问题上自由裁量范围的扩张，造成了审判的不可预测性。随着2014年后向"客观说"的回归，体现了司法实践对于商品类似追求稳定性的价值取向。客观说强调对商品物理属性的考察而不再对商品类似进行判定时融入混淆因素的判定，与本书所主张的以客观相似性为前提混淆可能性为限定的侵权标准相适应。

综上所述，商品类似判断坚持客观性，应在坚持尊重《分类表》在类似商品判断中的基础性作用的前提下，以相关公众的通常认知与一般交易观念进行综合判断，不拘泥于商品本身的自然特性原则下对商品类似进行判定。对于该原则下商品类似的具体判断将在下文进行说明。

5.3.4 商品类似的判断因素

在商品类似性做具体判断时，要在坚持上文所述的类似商品判断原则的基础上进行。首先以《分类表》作为判断类似商品的依据，根据《分类表》中业已确定的类别、群组对是否构成类似商品做初步判断。同时对于《分类表》未收纳的商品或者虽然收纳但在个案中仅依据《分类表》的安排进行认定会导致不当的，应基于相关公众的一般认知和交易习惯对商品类似性进行判断。根据《商标审查标准》规定对类似商品的判断应考虑以下因素：①商品的功能和用途；②商品的主要原料和成分；③商品的销售渠道和销售场所；④商品的生产者和消费者；⑤商品与零部件；⑥消费习惯以及其他相关因素。对于商品类似的判定不以单一因素作为考虑商品类似的唯一依据，而是要对其进行综合考虑。《商标侵权判断标准》指出，对于类似商品的认定应当以《分类表》作为认定依据，对于《分类表》未涵盖的商品，应基于相关公众的一般认识，综合考虑商品的功能、用途、主要原料、生产部门、消费对象、销售渠道等因素。

如上文所述，对于商品类似性的判断应当是一个客观独立的判断过程。商标的近似程度、显著性等因素不能成为商品类似性判断的依据。根据《商标审查标准》《商标侵权判断标准》的规定，商品的用途和功能、主要原料和成分、商品的销售渠道和销售场所、商标的生产者和消费者、商品的零部件及消费习惯等因素是商品类似性判断的考虑因素，并且任何一个因素都不是决定性因素。同时，由于不同因素之间具有天然密切的联系，对其中一个因素的分析也离不开其他因素的影响。基于此对笔者认为，商品类似性的判定主要受到商品的用途和功能、消费群体、商品的销售渠道与消费场所因素的影响。故在对商品类似性进行判断时，应从相关公众的一般认识出发，对上述因素进行综合考虑。

商品的功能和用途应是商品类似判断诸因素中最具重要性的因素，因为根据消费者行为学理论，消费决策的做出和消费行为的完成均起源于消费者的购物需要，在购物需要的推动下，产生消费的动机，并在其推动下做出消费决策。而商品的功能和用途恰是与消费者的消费需要相互对应的。例如，食品商品具有给人提供基础能量的功能，从而让人得以生存，对应人最基本的生存需要层级。高档奢侈皮包除了能给消费者提供承装物品的空间，更多的是给人以自尊和区别于普通群体的感受，从而满足人的自尊需要。《商标审查标准》对此持一致看法，其规定，由于商品的功能和用途直接体现消费者购买的目的，因此该因素是判断商品类似性的重要因素。当商品的功能和用途相近时，被判定为类似商品的可能性较大。功能和用途的相近主要体现为：一方面是商品的功能用途本身比较相近，另一方面是两种商品在功能用途上具有互补性，需要一并使用才能满足需要。

司法实践中通常是将商品功能和用途类似性的判断与主要原料和成分、商品的零部件等因素进行结合考虑。根据《商标审查标准》的规定，主要原料是决定商品功能和用途的重要因素之一，原料和成分近似的商品易被认定为近似商品。例如，最高法院判决认为，成品和主要原料位于商品流通关系的上下游，原料的功能和用途之一是为了制造成品，成品的功能和用途因不同成品而不同，原料的消费对象有时恰恰是成品的生产者，成品的消费对象一般不会去直接购买原料，成品和原料的生产部门和销售渠道也有一定差别。在一般情况下，成品和原料在功能、用途、销售渠道、消费群体等方面存在较大差异，不构成类似商品❶。对于两种商品在功能用途上具有互补性需要一并使用才能满足需要商品是否近似的判断。通常情况下，当相关公众认为商品在功能和用途上具有互补性时，商品被认定为类似的可能性大。但在个案中仍应着眼于从相关公众的一般认识出发，对商品之间的功能和用途进行分析。例如，对于玻璃制品和葡萄酒两类商品，玻璃制品往往会被认为作为装酒的容器从而因具备功能上的

---

❶ 参见：最高人民法院〔2017〕高行申第69号判决书。

互补性而被认定为类似商品。但是，司法实践认为，虽然葡萄酒和玻璃制品出于促成交易目的也会被一起销售。没有迹象表明这种做法具有商业上的重要意义。此外，在通常消费者看来，酒杯和葡萄酒一起销售是为了对葡萄酒进行促销，而不是表明葡萄酒的生产者的一部分业务涉及玻璃制品❶。

根据消费者行为学原理，消费者的社会身份影响着其消费方式。消费群体可以用另一个概念即社会阶层所表述，即人在社会中的整体排名。最富裕的1%的人掌握着世界财富总量的一半多❷。高收入者与低收入者的消费方式不同，同为高收入者其消费方式也不同。因此，收入因素并非划分消费群体的唯一要素。处于同一社会阶层的人在社会中地位大体相同，基于他们类似的工作、收入和品位，而具有了类似的生活方式，表现出相同的价值观❸。因此，基于社会阶层划分产生同一消费群体会在收入、职业、消费爱好等方面体现出一致性。因此，当两种商品以同一消费群体为对象，或者消费群体具有共同特点，商品会被认定为近似。例如，在Aptamil案中，法院认为诉争商标与引证商标文字构成完全相同，已经构成相同商标。诉争商标指定使用的（小孩用）纸围涎、纸或纤维素制婴儿纸尿裤（一次性）、纸或纤维制婴儿尿布（一次性）商品与引证商标核定使用的婴儿奶粉、婴儿食品等商品关联性较强，在消费对象、销售渠道等方面较为接近，属于密切关联商品，从而认定构成类似商品。根据《分类表》，引证商标核定使用的婴儿奶粉、婴儿食品等商品位于0506群组，而诉争商标核定使用的商品则为0502群组。如果严格依据《分类表》商品应认定为不类似。但是，由于实际生活中上述商品所面对的社会群体具有一致性，均是以养育婴儿的相关公众为消费对象，从而突破《分类表》认定其为类似商品。又如，上文所述Cannon案中，美国米高公司使用的Cannon商标被核定使用在录制在录像带上的电影，电影院及电视台用电影制作、发行和放映。而日本佳能公司的CANNON商标被核定使用在电

---

❶ 路易斯·哈姆斯. 世界知识产权组织知识产权保护：案例研究 [M]. 2版. 北京大学国际知识产权研究中心, 译. 北京：知识产权出版社, 2008：62.

❷ Patricia Cohen. Oxfam Study Finds 1% is likely to Control Half of Global Wealthy by 2016. New York Times, 2015, 1：19.

❸ Richard P. comleman. The Continuing Significance of Social Class to Marketing [J]. Journal of Consumer Research, 1983, 10：265-280.

视录制及拍摄设备、电视转播、接收及复制设备，包括电视录制及复制用磁盘机。法院审理认为，不能断言录制录像带与录制设备来自同一商业运作，电影制作、发行和放映与电视设备之间也不存在类似之处。因为电影的制作和放映虽然使用摄像机和放像机，但不能说明其运营上也制作、发行和放映电影❶。从该案的判决结果与消费群体进行分析可知，电影放映、发行服务所指向的通常是影迷、观众的消费群体，而拍摄设备、录制设备等所面对的是多为从事电视电影制作的人士，因此二者属于不同的消费群体，该商品不类似。

销售渠道是指商品从生产厂家辗转到消费者手中所经历的过程。消费场所是指为消费者进行购物行为时所处的空间。通常情况下销售渠道决定销售场所的特征。如果商品的销售渠道被定位于网络营销、电话影响等方式，则商品的销售场所通常会是通过网络进行销售的场所。如果商品的销售渠道是通过超市进行零售，则消费场所会定位于大型超市或者便利店。根据消费者行为学理论，购物场所的消费环境会对消费者购物决策的做出产生很大影响。因此，侵权人可以利用消费场所混淆消费者视听，使其做出错误的购买决策。因此，根据《商标审查标准》的规定，两种商品的销售渠道、销售场所相同或者相近，消费者同时接触的机会较大，容易使消费者将两者联系起来，可能被判定为类似商品。也就是说，在相同或者类似的消费渠道和消费环境中所销售的商品容易被认定为近似。

上述结论可以在消费者行为学中找到理论基础。营销者采用通过创造别具一格的环境，把消费者带入梦幻世界的策略进行商品的销售，这种策略被称为零售主题化。营销者通过将营销场所主题化，使消费者更好地嵌入购物场所之中，相同主题的购物场所反映相同的商品性质。例如，对于销售野外生存装备的销售者，通常利用人们对大自然、土地、动物的印象打造零售现场即风景主题策略。又如，将商店设计为一种存放空间策略已经成为当下流行的主题策略。营销者将自己的销售场所打造为一种商业化的起居室，人们可以在这种空间中进行休闲娱乐、家庭亲友聚会和工作等。以星巴克咖啡店为代表的一系列咖啡店以打造为人们提供工作空间以外的休闲工作场所为目的，均采用了较为相似的装修装潢方式，体现其相

---

❶ 李明德，闫文军，黄晖，邰中林.欧盟知识产权法[M].北京：法律出版社，2010：492.

同的营销战略。同时，根据消费者行为学理论，商店的形象设计与商店及其销售商品的性质关系密切。例如，如果商店性质以实用为主，即出售满足人们基本需要的商品，其店面设计偏向于有助于理解的店面。如果商店的性质以享乐为主，则店面的设计以鼓励探索为主❶。根据上述消费者行为学理论可以看出，营销者通过消费场所进行设计以符合消费者的偏好。相同或者近似的消费场所的装饰设计往往与其销售商品的性质关系密切，因此，相同或者近似的销售渠道和销售场所销售的商品有构成相同或者类似的可能。

---

❶ 迈克尔·所罗门. 消费者行为学［M］. 12版. 杨晓燕，等译. 北京：中国人民大学出版社，2018：269.

6 混淆可能性之"其他"因素

本书第 5 章对在客观混淆可能性限定理论框架下对相似性要素即商标近似性与商品类似性进行了分析。对于商标近似性和商品类似性的判定要在客观性条件下进行，不考虑混淆可能性因素。当商标的近似程度和商品的类似程度较高，有引发相关公众混淆的可能性时，则转入对涉案商标混淆可能性因素的判断。根据多因素测试法、坡拉瑞德要素及我国司法实践之经验，混淆可能性之"其他"因素，主要包括混淆主体即"相关公众"的判断、商标性使用、显著性和知名度以及实际混淆等因素。下文将对这些因素和混淆可能性的关系展开讨论。

6.1 客观混淆可能性限定标准下"相关公众"的判断

美国学者巴顿·贝比指出："消费者是商标法中万能的尺度，商标法的原理也是建立在主要是虚构的'消费者概念'的基础之上的。"这一表述精准反映了"消费者"在商标法理论体系中的核心地位。这里需要说明的是，此处的"消费者"不仅包含商品购买者，也包含商品或者服务的潜在购买者及与商品或者服务密切相关的主体。因为根据现行《兰哈姆法》，删除了旧法中"购买者"的表述，使混淆可能性判断的主体得以扩展。此处的"消费者"不仅包含了商品购买者，也包含了商品的潜在购买者及与商品或者服务密切相关的经营者。这与我国《商标民事纠纷解释》中关于"相关公众"的含义具有一致性。由于我国商标性法律文件中普遍使用"相关公众"的表述以避免"消费者"在字面含义上不足以全面涵盖混淆可能性主体范围的问题为与商标有关的规范性文件保持一致，笔者对于混淆可能性的判断主体采"相关公众"的表述。

我国商标法虽然与美国商标法在法律文化、商标立法方面所依赖的社会经济环境存在较大差异，但是"相关公众"这一概念在我国商标法特别是商标侵权判定中处于重要地位。混淆可能性是商标侵权的判定标准，"相关公众"则是混淆可能性标准适用的主体。对于混淆可能性的判定，本

6 混淆可能性之"其他"因素

质上是回答"谁"会发生混淆可能的问题。需要特别说明的是，此处所述"消费者"不仅仅是商品的购买者，也包括了商品的潜在购买者和与购买商品密切相关的经营者即"相关公众"。由于商标立法对于"相关公众"的界定较为模糊，到底涉案商标使多少相关公众发生混淆可能才能够被认定侵权？如果涉案商标在部分相关公众中发生混淆，而在另一部分公众中未发生混淆，应以哪部分消费者为标准？当相关公众发生混淆时，对其施加的注意力水平应作何要求？这些问题均急需立法者做出回应。各国立法普遍将相关公众的合理谨慎注意力水平作为混淆可能性主体的判断标准。例如，美国第九巡回上诉法院认为："混淆可能性测试是市场中的合理谨慎的相关公众很可能对使用这些商标之一的商品或服务的来源发生混淆。"虽然商标理论和司法实践均明确将"相关公众合理谨慎的注意力水平"作为混淆可能性主体的判断标准，但是缺少对"相关公众合理谨慎注意力水平"的具体评测方法，从而导致法官的恣意裁判。由此看来，对于混淆可能性的判断主体——相关公众的界定，其核心就是回答相关公众的范围，以及在对混淆可能性进行判断时，影响相关公众施加一般合理谨慎注意义务的影响因素。笔者认为，应首先对"相关公众"的范围进行确定，在此基础上对影响该范围内相关公众注意力水平的影响因素进行分析，从而确定相关公众的注意力水平对混淆可能性判断的影响。

6.1.1 "相关公众"的范围

从纵向上看，随着商品经济的发展，商品交易活动越发复杂，已经少有消费者直接从生产者处购得商品，而是通过中间商在经济链条上发挥作用，从而将生产者与消费者进行连接。从宏观上讲，除链条的首端（生产者）和末端（最终消费者）外，任何中间环节均兼具销售者和消费者的双重身份。著名商标法学者麦卡锡认为[1]："商标法扩大的保护是对购买公众、随便的普通购买者的保护，而不仅仅是为了向批发商和零售商销售的规模购买者的保护，混淆可能性的问题通常环绕在消费者周围，因为它是'合理谨慎的购买者'的最底层。"由此，在混淆可能性不断扩大背景下，麦卡锡仍将购买者作为混淆可能性的判断主体，而处于经济链条中的批发商、零售商等消费者不是混淆可能性的判断主体，即只有最终消费者才能成为混淆可能性的判断主体。因为除了最终消费者外，生产者、零售商、

---

[1] J.Thmoas McCarthy. Trademarks and Unfair Competition [M]. 4th Edition. Thomson/West, 2006, 3: 100–101.

批发商等均不存在信息不对称的问题，不需要商标传递信息功能的发挥。但是，绝不能简单地将交易链条的最后一个买手作为最终消费者。一些情况下，商标识别功能并未贯穿交易链条的始末，而是在中间某个位置停留下来，而其停留之处便是最终消费者，应以此处主体作为"相关公众"的范围。因为当商标不处于流通状态时，商标识别功能将不再发挥，相关公众便无法通过商标识别该商品的来源，混淆的发生就更加无从谈起。对于上文提及的售后混淆的主体，应从旁观者扩展至能够因混淆产生放弃购买商标权人商品决策的相关公众即是将不属于交易链条上的相关公众排除在外。对最终消费者的认定过程，具体到个案中，是对"相关公众"是否需要进行特定职业或者专业限制的过程，当特定职业的从业人员或者具有专门知识的人在个案中被认定为"相关公众"时，会对认知水平提出更高要求。例如，在Astra案中❶，由于购买的商品为专业的血液分析仪，而将"相关公众"限定在医疗实验室的医疗技术人员、病理学家和药剂师中。而在Ciba-Geigy案中，对于药品外观混淆主体"相关公众"限定在内科医生、药剂师及购买药品的病人中。

　　从横向上看，对于"相关公众"的范围也呈现扩大趋势。"相关公众"不仅仅限于产业链条上的人，商标立法还将与产业链条上具有经营关系的人纳入"相关公众"的范围之内。例如，根据《商标民事纠纷解释》的规定，相关公众是指："与商标所标识的某类商品或者服务有关的消费者和与前述商品或者服务的营销有密切关系的其他经营者。"基于此规定，相关公众包含了两部分：一部分是购买商品或者服务的最终消费者，另一部分是与该商品或者服务关系密切的经营者❷。对于密切经营者的范围应采较为开放的态度，市场中任何基于商标混淆做出决策的经营者包括但不限于借款人、出租人、投资人等均可纳入其中。这是因为混淆可能性所针对的就是严重影响商标识别功能发挥的行为，无论是已经得到普遍认同的来源混淆和关联关系混淆，还是尚存在争议的初始混淆与售后混淆，本质上都是由于主体对商品的提供者产生了错误认识，并在这种错误认识的指导

---

❶ Astra Pharmaceutical Products, Inc. v. Beckman Instruments, Inc, 718 F.2d1201（1 st Cir.1983）.

❷ 蒋志培．如何理解和适用《最高人民法院关于审理商标权民事纠纷案件适用法律若干问题的解释》[J]．法律与科技，2002，4：18.

下做出了错误的决策,购买了制造混淆者的商品,从而造成商标权人与混淆者利益的损害。因此,凡基于混淆错误认识,并在该认识影响下做出购买、出资等决策主体均可纳入相关公众的范畴。

综上所述,个案中对于"相关公众"范围的确定应从横纵两个维度进行把握。首先,应在商品交易链条中确定最终消费者所处的位置,将商标识别功能不再发挥作用时与商标标记仅产生接触的相关公众排除在外。同时,"相关公众"不仅仅局限于商品的购买者,因混淆的发生产生错误认识而做出购物决策者,处于商品交易链条之上的消费者,或与该链条密切相关的经营者,均可纳入相关公众的范围。

6.1.2 "相关公众"注意水平影响因素的消费者行为学分析

《商标法》将"相关公众合理谨慎的注意水平"作为混淆可能性主体在购买商品时注意程度的抽象标准。商标法设立该标准的目的旨在阐明以下观点,法律的设立并不是用来保护专家的,而是保护广泛众多的广大消费者,其中包括那些在做出购买决定时并不是停下来仔细分析而是依据外观和整体印象判断的缺乏相关知识、考虑不周和轻信的人❶。法律不仅保护那些聪明的、有经验的聪明人,也对缺乏经验、无知的人进行保护,但是对于那些草率、粗心之人不予以保护。从理论上讲,在对混淆可能性进行判断时应首先明确相关公众的范围和认知水平,因为混淆可能性所要解答的是谁发生混淆的问题,对于主体标准设定的不同要求会影响混淆可能性的判断。但是该标准在司法实践中并未获得有效适用,法官通过将商标与商品进行对比后,即在内心形成是否构成侵权的结论。如果法官认为侵权成立,则将一般认知水平调整到一个较低水平,相反,如果法官认为侵权不成立,则将一般认知水平调整至较高水平。这样做不仅使混淆可能性判断中"相关公众"这一重要因素的判断流于形式,而且在本质上法官仍然是以"相似性"标准作为商标侵权的判断标准,与立法本意不符。因此,要对影响相关公众注意水平的因素进行分析,使注意水平这一主观判断问题受到客观因素的制约。

消费者行为学中的决策理论能够为相关公众注意力水平影响因素的确定提供理论基础。根据前文所述,在利用消费者行为学对商标形成、商标

---

❶ J.Thmoas McCarthy. McCarthy on Trademarks and Unfair Competition[M]. 4th Edition. Thomson/West,2006,3:92.

功能、混淆可能性的合理性及混淆类型进行确定进行分析时，决策理论均发挥了重要作用。根据消费者行为学研究成果，消费者卷入理论和风险理论可以对消费者决策的本质进行解释。

消费者卷入是指消费者主观上感受客观商品、商品消费过程及商标消费环境等与自我的相关性，消费者的卷入程度可以从侧面反映消费者对商品信息的认知程度。消费者对商品投入的关注越多，说明其卷入程度越高，称为高卷入。反之，则称为低卷入。消费者做出购物决策时卷入程度的高低，通常会受到感知风险的影响，感知风险被划分为财务风险、功能风险、身体风险、社会风险和心理风险。通常情况下，消费者规避感知风险的方法是更加全面地收集商品的信息，信息的来源可以是主动搜索也可以是向有购物经验的人寻求帮助，还可以通过购买知名度高、企业信誉好的商品来降低感知风险的级别。消费者为规避感知风险所付出的努力越多，则证明其在购买商品时的卷入程度越高，对商品所施加的注意力就越高。反之，当商品的感知风险较低时，消费者的卷入程度就会低，对商品所施加的注意力就会比较低。消费者在高卷入情况下所做的购物决策为认知型决策，而在低卷入情况下所做的决策为习惯型决策。依上文所述，消费者认知型决策的做出必须经历完整的五个步骤，而习惯型决策则是几乎很少付出努力的心理过程。由此可以得出结论，相关公众在高卷入情况下所做的认知型决策由于其主观上为获取商品信息付出的努力较多，因此其不易发生混淆。正如有学者提出[1]："消费者在购物中施加充分的注意力，其发生混淆的可能就会比预想的小。"反之，对于卷入程度较低的相关公众，其发生混淆的可能性会比较高。

基于上述分析，相关公众在购买商品时，在感知风险的影响下，卷入程度会有高低之分，决定了相关公众为了规避感知风险和混淆的主观意愿。但是，并非规避感知风险和混淆的意愿强烈，就能够完全避免风险和混淆的发生，其还会受到一系列客观条件的制约。例如，高卷入的相关公众所获得的商品信息应当更加丰富、准确，但事实上，其获取商品信息的

---

[1] Rochelle Cooper Dreyfuss. We Are Symbol And Inhabits Symbols, So should We Be Paying Rent?Deconstructing the Lanham Act and Rights Publictity [J].20 Colum-Vla J L&Arts123.1995: 154.

效果与预期相距甚远，其原因在于消费者在购买商品时信息上的不对称❶。例如，在购买房产时，在财务风险的影响下，绝大多数的消费者都会进入高卷入状态。但是，少有购房人能够真正得到有关房产的绝大多数信息，如房产的交易流程、税费缴纳、房产的法律状态等，因此，即使是高卷入消费者，由于受到客观能力的制约，其仍要面临较大的风险。又如，购物环境和购物时间等客观因素也会影响高卷入相关公众的注意水平。例如，在为重要人物选购礼物时，相关公众的卷入程度无疑是比较高的。但由于突发事件打乱了选购的计划（如送礼物的对象临时改变行程马上就要离开），此时，消费者就会受到选购时间有限的外在压力，虽然其在购买商品时会投入极强的注意力，但仍不免陷入"忙中出错"的风险之中。综上所述，从消费者行为学角度对消费者注意水平进行分析可知，相关公众基于规避感知风险的目的会主动提升卷入程度，卷入程度高者较之卷入程度低者产生混淆可能性的风险较低。但相关公众还会受到客观条件的制约，如自身知识水平、购物环境、购物时间等，导致其注意力水平受到限制。

　　美国司法实践中判断混淆可能性的"多因素测试法"的诸多要素中，就包含与相关公众注意水平有关的因素。在商标侵权案件中，法官在运用多因素测试法进行分析时，会将相关公众的注意水平作为混淆可能性判断的影响因素进行判断。例如，"坡拉瑞德"要素中将购买者的经验和世故作为混淆可能性判断的一个因素。在"麦克格里克"案中，法院认为商品的价格越高，消费者在购买时的谨慎程度就会越高，从而造成混淆的可能性就低。笔者结合巴顿·贝比在其《商标侵权之多因素测试法研究》一文中基于331个法院判例研究所形成的商标侵权考虑因素进行分析认为，相关公众的注意水平会受到自身条件、商品价格的影响。由此可以看出，美国司法实践中在对混淆可能性进行分析时，通过对消费者自身条件、商品价格等影响因素进行分析，从而对相关公众注意水平进行判断。《商标民事纠纷解释》第10条规定要求，认定商标或者对近似进行判断的首要原则即是以相关公众的一般注意力为标准。但是在司法实践中，鲜有对相关公众注意水平的分析，往往是将相关公众的一般注意力水平形式化地置于判决书的说理之处，对案件中相关公众注意水平的影响因素并未做出分析。当法官认为构成侵权时，往往会逆推相关公众的注意水平较低。而当

---

❶ 罗子明.消费者心理学［M］.北京：清华大学出版社 2007：68.

认为不构成侵权时，则赋予该案中相关公众较高的注意水平。由此造成审判的恣意和不可预测。笔者认为，根据《民事纠纷解释》等规范性文件的要求，不仅应将相关公众的注意水平作为混淆可能性判定的因素，还应要求法官在个案中对相关公众的注意水平进行说理，给出案件中注意力水平的量化标准。

  首先，可以由财务风险引出的商品价格因素对相关公众的卷入程度进行判断。商品的价格常被作为司法实践中进行混淆可能性判断的考虑因素。例如，"DRIZZLER"案[1]，法院认为，购买被告高档女装的消费者，属于谨慎且有知识的消费者，不太可能盲目购买。也就是说，本案中法院认为商品的高价格会使相关公众在购买商品时施以更多的注意力，因此发生混淆的可能性较低。正如麦卡锡所述："合理谨慎的购买者被假定在购买他不常购买的昂贵商品时比购买日常的相对便宜的商品时更小心。"对于相关公众而言，购买豪华汽车肯定比购买普通汽车会施以更多的注意力，因此很难发生相关公众对宝马汽车与比亚迪汽车标志混淆的可能，任何人不会认为自己花费几万元而购得了宝马。同时要注意，绝非在任何情况下，商品的价格越高，发生混淆的可能就越低。对于价格低廉的商品，消费者也有可能投入更多的关注。例如，新冠肺炎疫情防控期间，相关公众在购买医用口罩时往往会投入极高的注意力，虽然一个普通医用口罩的价格仅仅在十几元到几十元不等，但是因医用口罩与人身健康密切相关。因此，在这种情况下，对于低廉产品所施加的注意力可能更高。正如学者所述[2]："只有当消费者感知的金钱风险比人身风险、社会风险等风险更高时，商品价格越高，注意力水平越高。"因此，还要对影响相关公众卷入程度的风险因素进行比较，财务风险虽然在很多时候会使相关公众进入高卷入，但当身体风险、社会风险等风险与财务风险并存时，相关公众的卷入程度与价格之间的关系就不是非常密切，因此，对于价格影响的考虑要结合相关公众所面临的风险进行综合判断。

  其次，在主观层面确认相关公众的卷入程度高低后，对于卷入程度较低的相关公众其注意力水平可以判断为低下的，产生混淆的可能性比较大。而对于卷入程度高的相关公众，还要对相应的客观条件进行分析，性

---

[1] 李明德.美国知识产权法[M].北京：法律出版社，2010：500.
[2] 张体锐.商标法上混淆可能性研究[M].北京：知识产权出版社，2014：88.

别、年龄、受教育程度、职业、收入、购物经验等因素均可在个案中作为自身条件因素予以考虑。例如，通常认为人的认知能力和受教育程度呈正相关关系，受教育程度越高，其对事物的理解能力越强。因此，当相关公众的范围被限定于较高学历群体时，法律会对认知水平提出更高要求，相比受教育程度低者，更不易发生混淆。例如考虑到相关公众从事的职业，当特定职业群体作为混淆可能性判断的主体时，则对认知水平有更高要求。例如，在Dorr-Oliver案❶中，法院认为，作为典型消费者的玉米湿磨场不会因在参观时采用了同样的翻盖结构而发生混淆。因为在本案中相关公众被限定于玉米湿磨产业的从业者，因此，受其从事职业的影响，最终消费者具备较高的认知水平，不会发生混淆。由此可以看出，自身条件是相关公众认知水平的影响因素。个案中应在确定相关公众范围的基础上，对其性别、年龄、受教育程度、职业、收入等因素做全面考虑，判断这些客观因素是否会对高卷入者的注意水平产生影响，进而判断混淆可能性的发生。

对于相关公众注意水平的判断因素不仅仅限于以上内容。特别是对于影响相关公众卷入程度的客观因素不是一个封闭的概念，它会在个案中得到扩张，并且任何一个因素都不是决定性因素。有学者认为，购买频率、购物环境、购物的持续时间等因素都会对认知水平产生影响❷。故根据商标法的规定，应将相关公众的注意水平作为判断混淆可能性存在与否的因素，在相关公众范围确立的基础上，以"最终消费者"为出发点，依据感知风险水平对消费者的卷入程度进行判断，同时对可能限制卷入程度的客观条件进行综合评价，最终得出个案中相关公众合理谨慎的注意水平，为混淆可能性的判断提供准确参考。

6.2 商标性使用与混淆可能性

6.2.1 商标性使用的含义和具体判断

2013年《商标法》经第三次修订后，采用列举法对商标使用做出规定，即将商标直接载于商品的包装、商品的交易文书或者应用于广告等商

---

❶ Dorr-Oliver, Inc., v. Fluid-quip, Inc. and Andrew Franko United States Court of Appeals for the Seventh Circuit，94F.3d 376（7TH Cir.1996）.

❷ 张体锐.商标法上混淆可能性研究［M］.北京：知识产权出版社，2014：86.

业活动、用于识别商品来源的行为。2019年《商标法》第四次修订延续了这一规定。该规定较之2002年《商标法实施条例》中关于商标使用规定的进步之处在于，将用于识别商品来源作为认定"商标使用"的条件。虽然在文字表述上仅仅增加了"用于识别商品来源"，但它使商标使用的含义发生了本质性变化，使"商标使用"与商标功能之间构建了联系，不再是一系列具体的"商标使用行为"的列举。同时根据该规定、对商标侵权诉讼中原、被告的举证责任予以明确，即原告主张被告构成侵权，需要提出在相同或者类似商品上使用了相同或者近似的商标的证据。而被告则需承担其使用行为并未对商标识别来源功能造成破坏的证明责任。故依据《商标法》之规定，商标使用应是通过在商品或者服务上真实地使用商标，从而发挥其识别功能的使用行为。

虽然《商标法》经第三次修订后，从商标识别来源功能的角度对商标使用的含义进行界定，使其更具科学性，但是现有关于商标使用的规定仍然存在不足之处。首先，《商标法》仅仅描述了商品商标的使用行为，并未对服务商标的使用行为做出规定。其次，并未明确商标使用的具体判断方法。最后，对商标使用是否应作为商标侵权判断的前提条件尚未达成一致意见。以上三点需要在未来的商标立法中进一步予以明确。

首先，对于《商标法》仅描述了商品商标的使用而未描述服务商标的使用行为这一问题，由于服务的无形性，使商标无法直接贴附在具体的服务之上，因此，对于服务商标的使用只能体现在将商标贴附于与服务有关的商品之上。《日本商标法》第二条第二款第（三）至第（六）项明确了服务商标的使用行为，具体包括：在提供给服务介绍者的商品上贴附商标标识的行为，使用贴附了标识的、供服务接受者使用的物品，将提供服务所使用的物品进行展示的行为，以及在服务接受者的物品上贴附标识的行为❶。随着我国《商标侵权判断标准》的颁布，服务商标使用行为得以被确定下来。《商标侵权判断标准》第五条规定了两类服务商标使用行为。一种是将商标用于服务场所或者交易文书的服务使用行为，如在介绍手册、工作人员服饰、菜单、价目表等，于提供服务所使用的相关物品上贴附商标，以及将商标使用在与服务有关系的文件资料上的行为等。另一种是将商标用于广告宣传、展览及其他商业活动中。例如，将商标使用在广播、

---

❶ 日本商标法[M].李扬，译.北京：知识产权出版社，2011：1-2.

电视、互联网、即时通信工具、二维码、商铺招牌等宣传媒介上。这种在广告宣传推广中使用商标的行为可以被认定为对服务商标的使用行为。这与日本商标法上将贴附了商标标识、提供服务的商品用于展示具有一致性。由此，根据《商标侵权判断标准》，对于在与服务具有关联关系的商品上、营业场所上贴附商标并进行宣传的行为可以视为在该服务上对商标的使用行为。

其次，对于商标立法并未明确商标使用的具体判断问题。根据目前我国司法实践中形成的经验，商标使用应具备以下条件。

第一，商标应由权利人为商业目的将商标主动使用于其已核定使用注册的商品上。构成商标使用的首要条件是权利人将商标运用于商业，这与商标所具备的识别功能具有密不可分的联系，如果仅是消费者出于满足自身需要而使用商标的行为，以及权利人被动地使用商标的行为，均应认定为商标法意义上的商标使用。因此对于下列行为因其未构成商业上的主动使用，不应认定为商标使用：

（1）仅将商品在内部进行使用或者仅仅于宣传活动中使用商标的行为，由于商品并未进入市场流通环节，不构成商标使用。因为商标识别功能得以发挥的前提必须是被相关公众所认知，如果商标从未进入过市场中，其识别功能根本无从谈起，相关公众在尚未见过该商标的情况下，又何谈识别。

（2）对商标的使用需为权利人积极主动的使用，被动使用不能认定为商标使用。例如，在索尼爱立信案中，终审法院认为媒体所做的有关"索爱"品牌的报道不能视为对该商标的使用，原审法院对于"索爱"这一简称被中国相关公众、媒体采用并广泛使用，且这种称谓已被广大消费者感知并一致认同，成为"索尼爱立信"公认的简称，与之形成了唯一的对应关系，即"索爱"已被广大消费者和媒体认可并使用，具有了区分不同商品来源、标志产品质量的作用，这些实际使用效果、影响自然给予索尼爱立信公司和索尼爱立信（中国）公司，其实质即等同于他们的使用的认定缺乏法律依据。因此，商标法意义上的商标使用应当是权利人的主动使用。又如，在伟哥、万艾可案中[1]，最高法院裁定认为，虽然多家媒体报道用"伟哥"称呼"Viagra"，但辉瑞公司等并无将其作为商标的意思和行

---

[1] 参见：最高人民法院〔2009〕民申字第312号民事裁定书。

为，故不能主张未注册商标权利。

（3）重新包装、修理服务、修理过产品在内的仅为达到说明目的的附带使用行为，不构成商标使用。例如，在"阿密洛克"案中，法院认为，由于作为零部件组装进加湿器后失去了商品的独立性，不再属于指定商品"化学机械机具"，因而在加湿器零部件上的使用不能视为在化学机械机械的使用。这样认定的原因在于商品和其零部件分属于不同的市场主体，商品与零部件通常独立进行销售，商标在零部件上与在成品上所发挥的作用不同[1]。

（4）商标的描述性使用，不构成商标法意义上的使用。例如，在Opel案[2]中，法院认为，Autec公司在模型车上使用Opel商标，只是为了诚实地还原复制品，而不是表示该模型的出处，不能因此认定为侵权。因此可以得出结论，如果被告仅是将原告的商标作为进行一般性说明的文字进行使用，目的在于告知相关公众商品的有关信息，或者是对原品的样式的还原，则不构成商标法上的商标使用。

（5）未在核准注册的商品上使用注册商标的行为。如上文所述商标禁止权的范围以其核准注册的商品或者服务为限。商标权人禁止他人使用与自己相同或者近似的商标只能限于核准注册的商品。因此，如果商标权人未在其核准注册的商品上使用商标，则势必不能认定为商标使用行为，不能获得商标法的保护。

第二，商标使用应为对注册商标的合法使用。"商标使用"是否应当满足合法性要件一直存在争议。一种观点认为，商标使用应为合法使用。例如，在康王案[3]中，法院认为，违反卫生强制法规定的行为不属于商标法意义上的使用行为。最高法院曾于行政裁定书中指出，商标法中所规定之"使用"应当是在商业活动中对商标进行公开、真实、合法的使用。另一种观点认为，对于商标使用的判断无须考虑其是否合法。例如，在卡斯特案[4]中，最高人民法院认为，商标权人只要对商标进行了商标法意义上

---

[1] 李扬.注册商标不使用撤销制度中的"商标使用"界定[J].比较法研究，2009，10：103.

[2] 李明德，闫文军，黄晖，邵中林.欧盟知识产权法[M].北京：法律出版社，2010：490.

[3] 参见：北京市高级法院〔2007〕高行终字第78号判决书。

[4] 参见：最高人民法院〔2010〕知行字第55号行政裁定书。

的使用且使用行为本身没有违反《商标法》的规定就应被予以认定。

对于违反《进出口商品检疫法》法不影响商标使用的认定。笔者认为，应对商标使用合法性予以区别判断，对于商标所使用的商品本身违反法律禁止性规定而在市场上进行流通的商标使用行为，不应认定为合法使用。即商标所贴附的商品本身作为法律所规定的禁止流通物进入市场，其应当受到法律的否定性评价，因此其使用行为也不构成商标法意义上的商标使用行为。法律之所以将部分物品设定为禁止流动物限制其进入市场，本质上是因为这些物品一旦进入市场势必对社会公共利益产生损害，在这种情况下出于对社会公共利益的保护理应对其进行限制。

对于那些仅仅是违反行政意义上管理规定的行为，如上文的卡斯特案与康王案等，其违反行政法律规定的行为并不会造成对社会公共利益的损害。其破坏的往往是行政管理秩序或者是交易相对方等特定主体的利益，但其流通过程并不影响商标识别功能的发挥，因此对于违反相关行政法规的商标使用行为，如果仅仅是在对特定民事主体利益造成损害或者是仅破坏行政管理秩序的情况下，其使用行为仍应认定为商标使用。由该违法行为所造成的损失可以依据相关法律进行规制。

6.2.2 商标性使用是混淆可能性适用的前提条件

如前文所述，商标的保护经历了从制止他人欺诈到制止他人混淆的演变过程。随着符号经济的发展，混淆的范围也呈现出不断扩大的趋势，混淆可能性的类型也从原来的售中混淆扩展至初始兴趣混淆与售后混淆。因此，有学者提出，如果不对商标权加以限制，商标权最终会演变为总体性权利的符号权。而商标使用作为能够划定商标权界限的工具成了商标法领域应重点讨论的问题❶。商标使用在商标法体系中处于核心地位，原因在于其与商标的形成、商标功能的发挥及商标侵权具有密不可分的联系。

上文通过消费者行为学对商标形成和商标功能的本质分析，由此可知，当蕴含着丰富商品信息的商标标记在人的记忆网络中以节点的方式被设定后，并以该节点为中心向外扩散出各类与之密切相关的商品信息网络得以展开时，即宣告商标的形成，而商标往往是以中心节点的方式存在于消费者的记忆网络之中，中心节点所蕴含的能量往往是最强大的，与之相

---

❶ Stacey L Dogan & Mark A.Lemely. Trademark and Consumer Search Costs on the Internet [J]．41Hous.L. Rev 2004：777．

商标侵权混淆可能性标准研究

关联的信息以中心节点为基础向外扩散。商标形成之后，消费者的每一次消费行为的做出都是外来刺激与其记忆网络的中心节点进行匹配的过程，当外来刺激与先前储存在消费者记忆中标记或者相关商标信息相似时，该外来刺激便可以将记忆中的信息激活，并经连线扩散至记忆网络中的相关节点，从而使消费者依据先前经验做出相同的购物决策，由此商标的识别功能便得以发挥。在这个匹配过程中，如果匹配准确则消费者会做出同样的购买决策，匹配错误则意味着产生了混淆。而这个匹配的过程是通过商标使用完成的。商标标记在向商标转化之前，仅仅是一个简单的符号，其尚且无法在人的记忆网络中找到一席之地，由该标记产生的记忆网络更加无从谈起。商标权人通过在其商品上对商标进行使用，赋予了商标现实意义，在消费者购买后，在外来刺激经历了整个购买行为中学习和记忆的心理过程，最终实现了由标记到商标的转化。因此可以认为，从商标形成与商标识别功能发挥的角度看，商标使用是为商标标记"赋能"的过程，不经过商标使用的标记就无法转化成商标。正如学者所指出，搜寻品的质量可以在购买前通过检查了解，而经验品的质量只能通过实际使用才能知道[1]。

从商标侵权角度看，绝大多数国家和地区立法均将商标使用作为商标侵权的前提条件。如果行为人对商标的使用并非商标性质上的使用，如描述性使用、未进入流通环节的使用等，则不构成商标侵权。因此，如上文所述，对标记的非商标性使用通常是被告进行抗辩的理由。例如，司法实践中对于涉外定牌加工类案件，在绝大多数情况下，法院会依据定牌加工行为因不是商标使用行为而认定不构成对商标权的侵犯。根据有关事务工作人员提供的数据显示，在54件符合涉外定牌加工的案件中，有43个案件最终被认定为国内加工企业的加工行为不构成侵权，只有11个案件判决国内加工构成侵权，并且这11份判决中的9份是2014年之前做出的。在商标法在第三次修订后，进一步明确商标使用应符合识别商品来源作用要求后，在新法背景下对于涉外定牌加工行为被认定为侵权的只有2件。可见，从商标侵权司法实践角度来看，商标使用已经成为商标侵权判定的前提。对于涉外定牌加工不构成侵权的原因具体包括以下两个方面。首先，国内的加工企业虽然完成了商标的贴附行为，但商标的真正使用者仍

---

[1] Phillip Nelson. Information of Consumer Behavior [J]. Vol.78, No2.1970: 311–329.

为外国企业。其次，也是最重要的，因为加工后的商品并未在国内销售，而是进入国外商品的流通环节，涉案商标无法在我国境内发挥识别来源功能，因此不构成侵权。

我国司法实践长期以来均坚持将商标使用作为判断商标侵权的前提条件。特别是在商标法第三次修订后，将识别来源作为商标使用的条件后，对于单纯的未起到识别来源作用的商标使用行为，不应认定为商标侵权行为已成为共识。例如，在伟哥案❶中，最高人民法院裁定认为，消费者在购买该药品时由于该药片包装于不透明材料内，其颜色和形状并不能起到识别其来源和生产者的作用，不能认定为商标意义上的使用。最高人民法院在回复海关总署《关于对贴牌加工是否构成侵权问题的复函》中提到，产品所贴商标旨在我国境外具有识别来源的意义，在我国市场并不发挥识别来源的作用，我国公众并不会接触到相关商品，不属于商标法的商标使用行为。

综上所述，从商标形成、商标功能及商标侵权司法实践角度出发，商标使用应作为商标侵权判断的前提条件。仅当商标使用行为满足商标使用的要求，才对其混淆可能性进行进一步判断。对于商标使用在商标侵权判定中应作为混淆可能性判断的前提这一问题，《商标侵权判断标准》做出了及时回应，其第三条至第六条除对商标使用的含义及商标在商品和服务上的具体使用行为进行描述外，将商标使用的地位置于上述内容的前列。《商标侵权判断标准》第三条第一款规定，判断商标是否构成商标侵权，一般需要涉嫌侵权行为是否构成商标法意义上的使用。

6.3 商标的显著性、知名度与混淆可能性

《商标民事纠纷解释》规定，对于商标近似性的判断应考虑商标的显著性和知名度。对于商品类似性的判断在主观说为主导的时期，显著性和知名度是判断商标近似性与商品类似性判断需要考虑的因素。根据上文在以客观相似性为基础混淆可能性为限定的商标侵权标准下，商标的显著性和知名度不能作为商标近似性与商品类似性的影响因素，而是应作为混淆可能性的判断因素。根据传统商标法理论，显著性又称为商标强度，是商标侵权判断多种因素中重要性仅次于商标近似性与商品类似性的存在。学

---

❶ 参见：最高人民法院〔2009〕民申字第268号民事裁定书。

理通说认为，商标的显著性与商标的识别功能关系密切，识别功能越强的商标其显著性越强，反之显著性则越弱。显著性决定了商标的保护范围。显著性强和知名度越高的商标，其可以获得的保护范围就越宽，其保护范围越大；而显著性和知名度越低的商标，其可以获得的保护范围就越窄，其商标权的保护范围越小。事实上，司法实践中对于商标权的弹性保护就是通过发挥显著性的调节作用实现的。根据《商标侵权判断标准》第二十一条（三）项的规定，在判断是否导致混淆时应考虑注册商标的显著性和知名度因素，以及该因素与其他因素之间的影响。该规定表明了立法者将显著性和知名度脱离于商标近似性和商品类似性判断，并将其作为混淆可能性判断的立法态度。作为混淆可能性判断的重要因素，司法实践中对于显著性和知名度的含义，以及显著性和知名度的具体判断方法并未明确，本书拟从消费者行为学角度对上述问题加以讨论。

6.3.1 商标显著性、知名度的消费者行为学分析

本书第 2 章从消费者行为学角度对商标形成、商标功能的本质进行了分析，并以此为商标侵权判断采混淆可能性标准提供了理论依据。根据上述消费者行为学理论的分析可知，扩散激活理论为商标形成和商标功能的发挥提供了有力解释。该理论认为，消费者可以将外来刺激以节点的方式定位于人的记忆网络之中，节点与节点之间依靠人的联想进行连接，属性、内容、本质相同或者相近的节点之间的联络更为紧密，而远离节点的信息与距离该节点较近的信息相比其在内容、属性等方面紧密度相对较弱。商标基于其强大的信息储存功能，可以把与生产者、营销者的服务、商品质量、售后体验等相关的信息全部容纳进来，从而形成人的记忆网络中的中心节点，较之普通的节点，中心节点有着更为强大的传递信息的动能和更为庞大的记忆网络。当外来信息刺激中心节点时，由该中心节点引发出的庞大记忆网络上的信息都可以被激活。反之，一些位于该网络之上、与中心节点有关的信息也可能被激活，进而使消费者根据某些信息的特征追溯回该商标。而对同作为中心节点的商标而言，其受到外界刺激后产生的动能及记忆网络编织大小存在差异。

经由一个具有较高显著性的商标这一中心节点，经由记忆网络的传播甚至可以使消费者获得许多与该商标看起来并不直接相关的信息。例如，当消费者受到香水这个外来刺激时，位于其记忆网络中能量最强的几个品牌的中心节点会被激活，从其中香奈儿 NO.5 这一中心节点出发，使消费

者首先想到某种花香，经由花香使人进一步联想到这种花香带给人一种激情的感受，而激情往往象征着财富，有时也代表着危险和毒药，劳斯莱斯汽车是富有的体现，毒药和性感与美紧密相连，"维多利亚的秘密"这一品牌或者"安吉丽娜朱莉"这一形象进而又被激活。反之，记忆网络中的这些节点都有可能被某种外来刺激激活，经由记忆网络传导至香奈儿NO.5这一品牌。

由此可以看出，显著性越强的商标消费者在受到外来刺激后，经由企业已建立的庞大记忆网络，消费者可以获得的信息越多，这些信息有些是与该商标属性密切相关的，有些则可能看似关联程度不高。而对于显著性较弱的商标，其并未在消费者的记忆中形成网络，甚至对于首次接触的商标记忆网络还未形成，消费者可以获得的信息就比较少。从记忆心理的角度来看，难以用更多的素材对这些商标进行更深入的加工，消费者记住它的可能性较小。从消费者行为学出发，对于受到外界刺激后产生动能较大，记忆网络覆盖范围大的商标其具有更高的显著性。反之，商标的显著性较低。显著性较高的商标与商标知名度关系密切，商标的显著性高，一般享有较高声誉，容易得到消费者认可。因此，商标显著性较强，其知名度一般较高。

综上所述，商标的显著性是指衡量某一商标在消费者记忆网络中传播商品信息能力的大小及该记忆网络辐射范围广度的指标。显著性越强的商标，其能够提供消费者的商品信息越多，越有利于帮助消费者识别商品或者服务的来源。基于显著性功能的发挥，显著性强的商标更有可能被消费者记忆，随着知晓该商标的消费者逐渐增多，其知名度也随之提升。

6.3.2 商标显著性、知名度的具体判断

如上文所述，根据传统商标法理论，显著性越强的商标其应获得的保护范围越大。司法实践中，对于显著性判断主要从三个方面进行考虑，包括主体、商标标记及该笔标记所使用的商品。第二、第三要素往往要进行结合判定。三个要素共同决定了一个商标的显著性大小。对于商标标记，在美国司法实践中，根据商标标记本身的显著性强弱将其划分为臆造性标记或任意性标记、指示性标记、描述性标记和通用标记。臆造性或任意性标记通常被认为具有较高的显著性而指示性标记和描述性标记显著性较低，只有具备第二含义后才能受到保护，通用标记则不具备显著性，无法受到保护。

传统商标理论认为，臆造性标记或任意性标记因其具备固有显著性而可以使商标获得更大的保护范围。所谓固有显著性，是指一个标记被用于商品上很容易被消费者认定为这个标记是商标，从而起到区别来源的作用。因此，对于臆造性标记，其被创造出来的目的就是作为标记进行使用的，不是人们语言习惯中已有的词汇，因此当其出现在消费者面前时，消费者并不知道其真正的含义，很难将该标记与眼前的商品之间建立某种联系。例如，美孚石油公司的"Exxon"商标，作为典型的臆造性标记，美孚石油公司花费大量的财力、物力，从法学、美学、心理学、营销学多角度进行全面考虑的基础上创造了该标记，其不仅在外观、含义上与石油业务没有联系，"词汇"本身也没有任何的含义。但就该标记本身，消费者很难从这种表达中获得有关生产者的任何信息。消费者会不自觉地将其作为商品的标记看待。反之，对于通用标记，其本身具有相关公众已经明晰的含义，而又将其用于与其含义紧密相关的商品上时，消费者会认为其是对商品性质的描述。例如，在"斯蒂克斯"案❶中，法院认为诉争商标"安全中心"具有非常清楚的含义，将该商标用于原告提供的储存私人有价值物品的服务是对服务内容的直接描述，很多提供安保服务的企业都使用带有"安全中心"字样的字词，因此不能给予"安全中心"商标保护。这类描述性标记因为仅描述了提供服务的性质而未具备第二含义，而不具备显著性。

由此可以看出，司法实践中对于具备固有显著性的臆造性标记或任意性标记会被判定为因标记具备较强的显著性而被给予更大范围的保护。但是，给予臆造性标记等具备固有显著性的商标以更大范围的保护，与消费者行为学理论中显著性的形成过程存在差异。

传统商标理论中，对于商标固有显著性的判断仅局限于判断商标标记是否为自造词汇，以及其在与特定商品结合后是否为对商品性质的描述，由此得出商标是否具备固有显著性。这种判断忽视了商标显著性是处于不断变化的动态过程，静止孤立地对显著性做出判断会影响到混淆可能性的判断。根据消费者行为学理论，消费者以商标为中心节点构建记忆网络的过程绝非一日之功，任何标记无论其被设计得多么巧妙，其所适用的商品在品质上多么出众，仅仅通过一次购买行为难以形成比较完善的记忆网

---

❶ 李明德.美国知识产权法[M].北京：法律出版社，2010：500.

络。一个庞大记忆网络的构建过程需要消费者长期对该商品的关注和多次的购买行为的支持，每次购物后的消费体验和经验总结都会为记忆网络增添新的节点。由上文分析可知，显著性强的商标较之显著性弱的商标其最鲜明的特点便体现于中心节点的能量强度与记忆网络的庞大程度。但无论是臆造性标记还是通用标记，如果仅有少量的机会与消费者进行接触，其所形成的节点与记忆网络的建构未必会有较大差别，而真正影响中心节点和记忆网络构建的因素往往与商标的使用方式、商标使用的持续时间、消费者对相应商品的认可程度等因素息息相关。因此，商标传统理论中所坚持的认为臆造性标记具备较强显著性的认定方式存在不足。

如上文所述，对于指示性标记、描述性标记，只有在经过使用具备了"第二含义"后才能受到商标法的保护。传统商标法理论认为，一个标志使用在特定商品或服务上，本不能起到区别商品或服务来源的作用。但是，经过使用消费者已经将该标志与其标示的商品或服务区分开来，即具备获得显著性[1]。商标经过使用而获得显著性，使其能够受到商标法的保护。随着对商标使用程度的加深，其显著性进一步增大，其保护范围也会逐渐变大。由此可以看出，商标获得显著性较之固有显著性与消费者行为学中消费者的认知过程更加具有一致性。商标经过使用，在消费者的记忆网络中产生中心节点。消费者在日后周而复始的消费活动中不断对由该中心节点发散出的记忆网络进行扩充和完善，使其中心节点传输信息的能量和以该节点为中心形成的记忆网络日益庞大。这个过程就是显著性由无到有、由有到强的变化过程。消费者从该标记在记忆网络中形成一个初步的印象，到以该节点作为中心节点编织记忆网络的过程，就是商标从形成到能够被相关公众识别再到被绝大多数相关公众知晓的过程。在这个过程中，随着商标显著性的提升，消费者记忆网络中与之相关的信息越来越多。这就导致了消费者在回忆某些信息时，由于受到其他信息的干扰过多，从而出现记忆消退的心理现象。因此，对于显著性较强的商标，由于在对其回忆时更容易因受到信息的干扰从而对其记忆产生偏差，进而更容易产生混淆。因此，商标法对其给予更大范围的保护。

构成商标显著性的判断要素中，除商标标记本身及其使用的商品外，

---

[1] 张玉敏. 商标注册与确权程序改革研究［M］. 北京：知识产权出版社，2014：46.

商标权所指向的主体的显著性往往被人们忽视。直到"微信"商标案❶，主体要素对于商标显著性的判断的重要性得到了司法实践的认可。该案中，一审法院以该商标具有商标法第十条规定的其他不良影响为由，驳回了异议申请。该判决一经做出便引起了学界和实务界的广泛热议，最具代表性的观点是：如果基于"其他不良影响"这一理由驳回异议申请，一方面存在向兜底条款逃逸的嫌疑，另一方面，等于给予了大企业垄断商标权的机会。孔祥俊教授对该案一审裁判发表意见：该案判决的结果是正确的，但是适用的法律不当❷。在这之后，二审法院对该案适用的法律依据进行调整。法院认为，由于"微信"商标经过腾讯公司的长期使用并已获得了巨大成功，该商标与腾讯公司已经形成了非常紧密的联系。反之，创博亚太公司所提交的证据不能证明该商标具有指向自己的显著性。从该案裁判结果可以看出，对于商标显著性的判断不应仅局限于商标标记和其使用的商品，还应关注该商标与其主体之间的关系，商标与主体关联越紧密其显著性越高，应当获得更多的保护。

　　显著性和知名度是混淆可能性判断的重要依据，因此如何进行证明对于混淆可能性的判断结果会产生重要影响。有学者指出，对于显著性的证明可以通过提交直接证据和间接证据的方式实现❸。所谓直接证据，实践中可以通过提交向相关公众发出调查问卷的方式直接得出显著性强弱的结论。但是，调查问卷本身的真实性能否获得采纳，实践中并不存在统一的标准。就我国当前司法实践情况来看，调查问卷作为证据被采纳的案例相对较少。司法实践中更多的情况是由当事人提交有关商标使用情况、使用时间及相关媒体报道的情况等对显著性强弱进行间接证明。如上文所述，由于商标的显著性与商标知名度关系越密切，商标的显著性越高，得到消费者认可越广泛。因此，商标显著性较强，其知名度一般较高。因此，笔者认为，可以利用消费者行为学理论中对于知名度进行测算的方法，通过对知名度的量化，在得出某商标的知名度大小后再结合上述商标显著性的判断要素对商标显著性大小进行判断。消费者行为学学者提出的将商标知名度的量化方法为解决商标法上知名度判断抽象化的难题提供了支持。消

---

❶ 参见：北京市知识产权法院〔2014〕京知行初第67号判决书。
❷ 张玉敏. 商标注册与确权程序改革研究［M］. 北京：知识产权出版社，2014：43-44.
❸ 姚鹤徽. 商标混淆课可能性研究［M］. 北京：知识产权出版社，2015：423-424.

费者行为学学者指出，品牌知名度可以通过调查问卷的方式获得原始数据，数据内容包括未提示知名度情况下调查对象能够全部或部分回忆起该诉争商标的人数，以及在提示知名度情况下调查对象能够全部或部分回忆其诉争商标的人数。由上述能够部分或者全部回忆起诉争商标的人数对总人数的百分比分别为诉争商标在未提示知名度与提示知名度情况下的知名的量化数值❶。在对这些数值进行比较后即可了解到诉争商标的知名度大小。在明晰知名度大小的情况下，将其与显著性的判定要素进行综合考虑，得出显著性和知名度对混淆可能性的影响力大小，以此判断是否给予诉争商标更大的保护范围。

6.4 实际混淆与混淆可能性

6.4.1 实际混淆的含义和地位

根据本书第 4 章所述，根据消费者混淆的程度与证明责任不同将混淆划分为一般的混淆可能性、混淆可能性和实际混淆。混淆可能性与很有可能混淆同意是一般的混淆可能性与实际混淆的折中。如果以真实混淆作为商标侵权的判断标准，那么商标侵权的成立一定是建立在权利人权利已经受损的状态之下，这将不利于对商标权人的保护。由此，采用混淆可能性作为商标侵权的判断标准更有利于维护商标权人的利益，当侵权人实施的侵权行为很有可能造成相关公众混淆时，权利人即可通过向法院申请禁令禁止侵权人的侵权行为，降低因商标侵权带来的损失。虽然实际混淆不是商标侵权的判断标准，但是其对混淆可能性的判断具有重要意义。如果原告能够在诉讼中提供实际混淆的证据，则可以推定诉争商标共存会导致相关公众的混淆可能性。反之，如果两个商标长期共存于市场，并未产生实际混淆，则可推定二者之间不存在混淆可能性。例如，在"阿姆布里特"案❷中，法院认为，消费者的实际混淆是混淆可能性的最好证据。司法实践中，多数法院均肯定了实际混淆对于混淆可能性的证明力。

除上述"阿姆布里特"案外，美国第十巡回法院认为，虽然实际混淆的证据并不能确保商标侵权的胜诉率，但是该证据的存在证明市场上确有发生混淆可能性的迹象。第三巡回法院认为，虽然实际混淆的证据难以获

---

❶ 罗子明.消费者心理学［M］.北京：清华大学出版社，2007：82-83.
❷ 李明德.美国知识产权法［M］.北京：法律出版社，2010：578.

得，然而正是出于这个原因，实际混淆对于证明混淆可能性具有极强的证明力[1]。同样，未发生实际混淆的证据对于诉争商标不存在混淆可能性也存在证据法上的意义。事实上，在司法实践中销售商或者其员工就标有商标的商品发生的混淆是证明实际混淆的有效证据[2]。例如，在"亨利食品"案[3]中，法院认为，由于只有7.6%的消费者将被告的商品当作了原告商品，因此，在真实混淆如此低的情况下，二者不存在混淆可能性。

因此，实际混淆仅仅是混淆可能性多因素测试中的一个考虑因素，且并非决定性因素。在对诉争商标进行混淆可能性进行判断时，仍应以相关公众的一般注意水平为标准，综合考虑商标的近似性、商品的类似性、显著性和知名度等因素，结合是否存在实际混淆的证据及该证据的证明力等因素。

6.4.2 实际混淆在混淆可能性判断中的具体应用

司法实践中，法院利用实际混淆对混淆可能性进行判断的方式，具体体现在对实际混淆证据的认定上。哪些证据可以作为实际混淆的证据？这些证据的证明力如何？这些问题对法院裁判产生实质性影响，是实际混淆在混淆可能性具体应用中存在的问题。

如上文所述，对于显著性判断的证据可以划分为直接证据和间接证据，实际混淆的证据也存在直接和间接证据之分。通过对司法实践中原、被告所提交的证据进行归纳和总结，能够被法院采信的证明实际混淆的证据存在以下几个种类：司法实践中最能体现存在实际混淆的证据为消费者的误购，即由于诉争商标存在近似性，导致消费者在错误认知下购买了被告商品。由此证明，由于实际混淆的发生使原本属于权利人的消费者流向了侵权人。消费者误购可以通过让基于混淆做出错误购买行为的消费者以证人证言的方式向法院证明实际混淆的发生，较之其他证据形式更加具备客观性、合法性与关联性要求。但是，即使是消费者本人当庭做出的陈述，即使其陈述完全能够证明其误购行为是基于混淆而非其他操作失误、注意力水平不足等原因做出的，也不能完全证明实际混淆的存在，该证据

---

[1] 张体锐．商标法上混淆可能性研究［M］．北京：知识产权出版社，2014：188．

[2] Michael J.Allen. The Role of Actual Confusion Evidence in Federal Trademark Infringement［J］.Litigation 16Campebell L.Rev.19.1994：46.

[3] 李明德．美国知识产权法［M］．北京：法律出版社，2010：579．

也未必全部被法院采纳。例如，上文所述"阿姆布里特"案中，虽然有4名消费者对误购时发生实际混淆的主观心态进行了说明，但是初审法院认为，考虑到商品销售的广大市场，仅仅4名消费者发生实际混淆，并不能表明相当数量的消费者也会发生实际混淆。因此，对于做出误购行为的消费者的数量、注意力水平，以及商品的价格、品质等因素都会影响这类证据的证明力。本案中，上诉法院在考虑到，由于商品售价很低，即使消费者做出了误购行为也很少有消费者会因此进行投诉。因此，虽然仅4名消费者做出了实际混淆的陈述，但也可以认定本案中存在实际混淆。除误购外，司法实践中，原告通常以提交订单、申诉信件、保修单或者向法院提交错误邮寄等证据的方式证明实际混淆的存在。这些证据虽然在一定程度上可以证明实际混淆，但能否被法院采纳也要结合其他证据进行相互印证。例如，将原告商品保修单错误邮寄给被告的行为，虽然表面上可以证明实际混淆的存在，但还要证明该错误邮寄的行为是基于混淆做出的，而不是操作上的失误。由此可见，对于实际混淆的直接证据取证难，并且仅仅依靠实际混淆的孤证难以达到实际混淆证明要求。

由于实际混淆的直接证据存在取证难且孤证难以达到证明要求的问题，有诉讼当事人采用提交调查报告的方式，间接证明实际混淆的存在。通过科学测度将实际混淆这一抽象的主观问题客观化。近年来，以调查报告对实际混淆进行证明的案件数量明显增多，也出现了法院依据调查报告进行定案的实例。引入调查报告来证明实际混淆的存在实际上是受到美国司法实践的影响。在美国，如果没有引入调查，许多法院会做出对原告不利的判决[1]。

例如，"乔丹"案[2]中，再审申请人提交了两份调研报告，以证明再审申请人篮球明星乔丹先生与"乔丹"商标在相关公众中已经形成了较为紧密的联系，在购买过"乔丹"品牌的购买者中，分别有93.5%、78.1%的受访者认为乔丹先生与"乔丹体育"公司有关。法院最终认为，两份调查报告的调查过程由公证机关进行了公证，调查程序较为规范，调查结论的真实性、证明力相对较高，可以与本案其他证据结合后共同证明相关事

---

[1] Sandra Edelman.Failure to Conduct a Survey in Trademark Infringement Case：a Critique of the Adverse Infringement［J］.90 Trademark Rep.2000：726–727.

[2] 参见：最高人民法院〔2015〕知行字第332号行政裁定书。

实。本案曾入选2016年最高人民法院典型案例，入选理由之一即为最高人民法院对于第三方经过公证的调查报告结果予以采信，并阐述了采信这两份调查报告的具体理由。但是，本案仅仅是犹如黑暗中的一丝烛光，司法实践中用来证明存在实际混淆的调查报告在个案中很少被作为定案依据。相关数据统计表明，截至2010年1月，在4237份商标侵权判决书中，仅有49份涉及调查问卷证据。在对包括广东省高院在内的11家法院，68名知识产权审判法官所做的调研报告中，有38名法官反馈指出，在其审理的案件中，从未有原告通过提交调查报告的方式证明实际混淆的存在❶。相关人士对调查报告技术可靠性的担忧是造成其难以作为证明实际混淆证据的主要原因。

相关人士对调查报告的技术可靠性质疑主要体现在以下几个方面：首先，调查报告被测人员的范围，具体表现在调查总体的选择上。如上文所述，消费群体不同其消费观会有显著区别，因此如何划定调查报告对象的范围成为一大难题。特别是随着混淆可能性范围的扩张，初始兴趣混淆、售后混淆、反向混淆等新的混淆形式出现后，对构成此类混淆类型的法律主体做出特别限定，因此，对于这些特殊类型的混淆可能性的调查总体更加难以确定。其次，实施调查行为的人员水平参差不齐。我国法律对实施调查行为的人员所应具备的资格水平尚未有所规定，因此，调查机构受调查水平的限制对同一事项可能会得出不同的结果。根据美国司法实践的要求，调查报告做出者必须具备足够时长的技能训练，并且调查报告一定是在调查对象不知调查目的的情况下做出的，还要通过建立复查小组对调查对象进行回访的方式保证调查报告的准确性。再次，调查问卷在设置上没有统一的标准。实验数据显示，美国司法实践中对于调查报告中普遍采用的Eveready模式和Squirt模式设计的调查问题。前者的实验结果混淆率水平往往被高估，因此比较适合原告使用。但对于到底应适用哪一模式设定调查问题，法院又做出不同的选择。最后，对于实际混淆的人数或者比率达到何种标准，法律尚未形成统一标准。司法实践中，既有以实际混淆的人数作为定性依据的实例，也存在以实际混淆的比率作为判断依据的实例。如上述"乔丹"案中就是以实际混淆的人数比率作为存在实际混淆的

---

❶ 谢晓尧，陈贤凯．商标混淆的科学测度——调查实验方法在司法中的运用［J］．中山大学学报（社会科学版），2013，5：160．

6 混淆可能性之"其他"因素

依据。但对于达到何种比率应认定为实际混淆成立并不存在明确标准。如上文所述,实际判例中出现过当混淆事实发生的概率达到 11%、11.4%、11%、9%、8.5%、5.7% 时均被认为不存在混淆可能性,而在一个案件中混淆事实的发生率达到 7.6% 的案件中,则被认定存在混淆可能性。因此,到底达到多数比率或者人数的实际混淆能够对案件定性产生影响尚未形成统一标准。

综上所述,基于以上原因,导致司法实践中法院对于调查报告证明力的认定呈现保守性和谦抑性。尽管如此,仍要充分肯定实际混淆在混淆可能性判断中的作用。即实际混淆是证明混淆可能性存在的最佳证据,如果有证据证明诉争商标能够在市场上长期共存,则不存在混淆可能性。同时,实际混淆仅仅是混淆可能性判断需要考虑的一个因素,而并非决定性因素。另外,只有能够证明是基于商标近似性导致消费者做出误购行为的证据才能作为证明实际混淆的直接证据。对于以调查报告形成证明存在实际混淆的间接证据,需要对其调查总体、抽样方式、实施调查行为的主体、调查问题的设置及调查数据的分析进行全面考虑后,在确实能够反映实际混淆的条件下,可以将其作为判断构成实际混淆的证据,与其他证据结合后共同证明实际混淆的存在。

7 商标侵权混淆可能性标准的立法完善

混淆可能性是商标法理论体系的核心内容,本书以消费者行为学理论的视角,对商标形成和商标功能的本质进行了解读。商标形成本质上是普通符号向具有商品识别来源功能标记转化的过程,是消费者在其感觉、知觉、记忆、学习等心理活动作用下认知外来消费信息的过程。作为外来刺激的商标符号在消费者记忆网络中形成节点后,标志商标的形成。同时,消费者行为学将商标识别功能发挥解读为外界刺激与消费者记忆网络中商标节点的匹配过程,当外来刺激能够正确激活该节点并引导消费者做出购买决策时则表明识别功能的发挥。经过本书第 2 章对商标形成和商标功能的消费者行为学分析可做出两点总结。一方面,在商标形成过程中,由于外来刺激的多元化和消费者感知器官的局限性,不可避免地造成消费者心理认知的偏差,这种偏差最终会造成消费者对商标的混淆,而混淆的出现为侵权人利用近似性标记实施侵权行为提供了空间。另一方面,侵权人通过适用与权利人近似性标记,使消费者在信息匹配过程中产生偏差,由此做出错误的购物决策,是侵权人利用混淆破坏商标识别功能的过程。因此,出于维护商标功能的目的,应当将制止混淆作为商标侵权的出发点。在此基础上,结合商标侵权理论和司法审判的历史进程,得出了商标侵权语境下的混淆应取混淆可能性之意的结论。混淆可能性已经成为当今商标侵权判断的主流标准。我国《商标法》自 2013 年第三次修订后,正式将该标准确立为商标侵权的判断标准,这在立法上较过去具有很强的进步意义。但是对于商标侵权判断的标准和适用方法在规定上仍较为笼统,也存在与相关司法解释有冲突的情形。下文以客观混淆可能性限定理论为基础,为我国《商标法》及相关司法解释提出修改建议。

7.1 确立混淆可能性中"相似性"判断的客观性和独立性标准

本书第 5 章分别从符号学、消费者行为学及传统商标侵权的逻辑判断三个角度对相似性判断应作为商标侵权判断的客观、独立性要件进行了分析，提出了客观混淆可能性限定理论。首先，基于符号学能指优先于所指原则，"相似性"判断即对商标读音、外观、含义的客观状态的判断，其作为商标的外在表现形式代表着符号学中的能指，因此应作为优先判断的依据。其次，基于消费者行为学分析，消费者决策是施消费行为的中间环节，而直接为理性决策提供素材的过程是消费者将外来刺激与记忆网络中的中心节点进行匹配的过程。该识别过程本质上是将脑海中业已形成的对商标客观物理状态的记忆与眼前商标外观进行匹配，因此应强调相似性判断的客观化和独立化。最后，坚持相似性判断的客观性和独立性可以避免循环论证，将混淆可能性误认为是判断相似性的条件而非商标侵权判断的依据。基于以上，笔者提出，应建立以客观相似性为基础、混淆可能性为限定的商标侵权判断标准。该标准的建立不仅与符号学、消费者行为学的基础理论相吻合，也明确了相似性判断的独立性和客观性，以及其与混淆可能性关系即相似性应为混淆可能性判断的前提条件。

现行《商标法》第五十七条列举了商标侵权的具体方式，第（二）项涉及相似性与混淆可能性的关系。如前文所述，如果商标与商品构成"双相同"则势必构成混淆从而认定为商标侵权。而对于第（二）项中在相同或类似商品上使用相同或近似商标的情形，则应以混淆可能性作为判断的最终落脚点。如上文所述，由于我国司法实践中长期受到"相似性"标准的影响，导致相似性和混淆可能性适用上存在混乱。笔者认为，可以将五十七条第（二）项修订为"未经商标注册人的许可，在同一种商品上使用与其注册商标近似的商标，或者在类似商品上使用与其注册商标相同或者近似的商标的前提下，容易导致相关公众混淆的"。增加"前提下"的表述，一方面明确了相似性判断和混淆可能性判断的关系，确立了混淆可能性在商标侵权判定中的核心地位。根据该条文表述，在对商标侵权进行判断时，应首先对商标是否近似、商品是否类似进行判断。当诉争商标构成"相同近似"后，再对混淆可能性进行判断，得出是否构成侵权的结论。如果"相同近似"都未构成，则无须对混淆可能性加以判断，商标侵权不成立。另外，该法条增加"相关公众"的表述，明确了混淆可能性判断的主体标准。

如上所述，对于现行《商标法》第五十七条第（二）项的修订解决了相似性和混淆可能性的关系问题，实现了相似性与混淆可能性判断的相互独立。同时应对商标近似与商品类似的含义予以调整，以保障相似性的客观性和独立性。应对《商标民事纠纷解释》第九条中商标近似含义修订为，商标近似是指涉嫌侵权的商标和他人注册商标相比较，文字商标的字形、读音、含义近似，或图形商标的构图、着色、视觉近似，或文字和图形组合商标的整体排列组合方式和整体视觉近似，或立体商标的三维标志的形状和整体视觉近似，或颜色组合商标的颜色或者组合近似，或者处于商品特定位置，图形、颜色、立体形状或者以上诸要素的构建成近似或声音商标的听觉感知近似等。做出上述修订的意义在于明确了商标近似判断的客观性，近似判断均围绕商标的外观、读音和含义的物理状态展开，去除了混淆可能性对于商标近似的影响，维护了二者之间判断的相互独立性，是客观混淆可能性限定理论的体现。同时，上述修订扩大了可以作为商标进行注册的标记的范围，除传统的文字、颜色、图形、立体、声音等商标外，为顺应时代需要位置商标也成为能够予以注册的商标标记。相似性判断坚持客观性体现在类似商品的判断上，应对《商标民事纠纷解释》第十条做出如下修订，类似商品是指在功能、用途、生产部门、销售渠道、消费对象等方面相同具有同一性的商品。类似服务是指在服务的目的、内容、方式、提供者、对象、场所等方面具有同一性的服务。类似商品与服务是指商品和服务之间存在同一性的情形。对类似商品的判断同样坚持了客观化，去除了其与混淆可能性判断的联系。基于上述改变，应同时删除《商标民事纠纷解释》第十条第（三）项判断商标是否近似，应当考虑请求保护注册商标的显著性和知名度，彻底切断混淆可能性判断与相似性判断之间的联系。

7.2 明确混淆可能性的含义和范围

《商标法》第五十七条第（二）项的修订不仅明确地将混淆可能性作为商标侵权的判断标准，还明确了相似性和混淆可能性的关系，体现了客观混淆可能性限定理论对商标侵权判断的影响。但是，纵观《商标法》和《商标民事纠纷解释》，均未对混淆可能性的含义予以明确。根据本书第2章所述，商标识别功能的正常发挥能够为消费者消费决策的做出提供稳定的信息来源。侵权人仿冒商标的行为导致消费者发生混淆，从而破坏商标识别功能的发挥。因此需要利用混淆可能性标准达到制止混淆的目的。根据前文所述，首先，应以相关公众对商品所施加的合理谨慎注意力水平作为混淆可能性判断的标准，判断是否存在混淆可能性首先应对混淆主体的范围即相关公众的范围及该主体的认知水平做出判断。其次，对于相关公众的混淆只有达到一定程度时，才能认定为存在混淆可能性继而认定商标侵权成立。这个程度既不是存在一般的混淆可能性也不是产生了实际混淆。前者构成混淆的程度过低，无法有效地抑制侵权行为的发生。后者对混淆程度要求过高，不利于商标权人维权。商标侵权判断中的混淆可能性应为很有可能造成混淆。再次，对于相关公众发生混淆的范围不仅仅局限于对商品来源的混淆，还包含了对商品提供者之间是否存在关联关系的混淆，相关公众误认为两个主体之间存在着许可、附属、赞助等关系时也构成混淆。同时为了应对新时代产生的新问题，混淆可能性的范围呈现不断扩张的趋势，初始兴趣混淆、售后混淆、反向混淆等类型也应纳入混淆可能性的范畴之中。最后，也是最重要的一点，是否构成混淆可能性的前提条件是，必须是相关公众因为混淆做出了错误的购物决策，并在该决策下实施了购买行为。否则应排除在混淆可能性的范围之外。

因此，在对现行《商标法》第五十七条第（二）项修订后确定商标侵权标准的基础上，于《商标民事纠纷解释》中加入条文，对混淆可能性的含义进行解释。即《商标法》第五十七条第（二）项中所谓容易导致混淆是指未经许可，在相同或者近似商品上使用与权利人相同或者近似的商标，致使施加合理谨慎注意力的相关公众仍极有可能对商品的来源产生混淆，或者极可能误认为两商品的控制者之间存在赞助、许可等关联关系，并依此做出错误的购物决策的情形。

7.3 扩充混淆可能性的类型和适用条件

随着时代的发展，商标权保护的范围呈现不断扩张的趋势，商标侵权判断标准经历了欺诈原则—混淆可能性标准的确立—混淆可能性标准的扩张的历史过程。随着混淆可能性的扩张，权利人愈发希望使其商标权获得更大的保护范围，初始兴趣混淆、售后混淆、反向混淆等混淆形态应时代需要而生。新的混淆形态在一定程度上顺应了新经济环境的实际需要，也不可避免地造成了权利人权利的扩张，从而造成了对他人权利的挤压。根据本书第4章的论述，新混淆形态应对新侵权行为具有积极意义，但是要对其适用条件进行限定。

初始兴趣混淆发生后会增加消费者的搜索成本，随着搜索成本的不断增加，欲要购买商品本身的价格超出消费者的预算时，消费者会放弃预先

商标侵权混淆可能性标准研究

目标商品的购买，转而购买发生初始兴趣混淆的商品，最终客观上造成了原本要购买权利人商品的消费者流向了侵权一方。但是也必须看到，将混淆可能性的主体范围由购买者扩展到潜在消费者，将混淆发生的时间由售中扩展至售前，无疑将会扩大商标权的保护范围。实际上商标法之所以对产生混淆可能性的行为加以规制，是由于混淆造成了消费者的错误决策。如果消费者并未因混淆而做出错误决策，从而导致商标权利人受损，在这个过程中商标权人和消费者都是事实上的受害者。在此情况下，初始兴趣混淆的发生应被认定为侵权。因此，应以初始混淆是否导致消费者做出错误决策为依据对其适用条件进行限制。

笔者认为，应当在《商标民事纠纷解释》中混淆可能性含义之下增设混淆可能性类型的条款，将初始混淆及其适用条件纳入其中，作为混淆可能性的类型之一。初始兴趣混淆是指侵权者使用了与他人相同或者近似的商标，使相关公众在购买决策做出前就发生了混淆。但是消费者进一步了解情况后，或者在做出购买决定前，就明白了相关商品或者服务真实来源。对于初始兴趣混淆的具体判断与售中混淆无异，仍然应基于客观混淆可能性限定理论，在构成相似性的前提下结合多因素测试法对混淆可能性进行判定。对于商标侵权行为能否适用初始兴趣混淆则应以相关公众是否因初始兴趣混淆造成成本增加，从而导致其被迫做出决策为条件，否则不能将这种类型的混淆认定为商标侵权。

售后混淆的发生对权利人的损害体现在两方面。一方面，基于相关公众错误决策下所购买的侵权人商品无法达到商标权人商品的品质要求，从而造成商标权人商誉的贬损。另一方面，会使商标权人丧失潜在的消费者，造成经济损失。但售后混淆并不必然给商标权人带来损失。因为并非所有产生售后混淆的相关公众都会因混淆产生购买决策，即使旁观者发生了售后混淆，但由于其根本不存在购买相关商品的可能，则不存在对权利人商誉和经济权利造成损害的可能。因此，与初始兴趣混淆一样，应对售后混淆的适用条件做出限制。应当在《商标民事纠纷解释》中混淆可能性含义条款下增设售后混淆及其适用条件。售后混淆是指购买者以外的其他社会公众看到购买者使用相关商品时，发生了商品来源或者关联关系的混淆。其混淆的主体由购买者扩展为旁观者，而发生混淆的时间则从购买时扩展到销售之后。对于售后混淆的适用除与上述售中混淆的判断方法保持一致外，还应将旁观者的注意程度调整到混淆可能性判断相关公众的注意水平。同时，在适用售后混淆时，应以相关公众具有因混淆产生放弃购买商标权人商品的购买决策为要求。如果混淆者根本不具有购买商品的可能，则不能适用售后混淆。

反向混淆是为应对商标的在后使用者利用自己市场优势地位，使用与在先使用者近似的商标，从而使小企业的商标难以建立。反向混淆的在后使用者往往具有更强的主观恶意。出于避免垄断、保障新创企业发展的目的，应当将其与初始兴趣混淆、售后混淆一同纳入《商标民事纠纷解释》混淆可能性类型的条款之下。反向混淆是商标的在后使用者对在先权利人的商标进行使用后，使相关公众对商标来源产生的混淆。反向混淆在适用上要求在先使用者对商标享有商标权，同时要求在后使用者通过使用使相关公众产生了混淆，将在先权利人的商品当作在后使用者的商品。

7.4 客观相似性和混淆可能性的具体判断

基于客观混淆可能性限定理论，在确定相似性判断应坚持客观性和混淆可能性判断保持相互独立性的前提下，还应进一步明确商标近似性和商品类似性的具体判断方法，以及影响混淆可能性判断的多因素测试法的判断方法。如前文所述，商标的近似性和商品的类似性应作为混淆可能性判断的前提，即在对混淆可能性做出判断前，先对商标的近似性和商品的类似性进行判断。在构成相似性的情况下，才进一步转入对混淆可能性的认定。反之，如果商标的近似性和商品的类似性尚无法达到相似性的要求，则无须对混淆可能性进行判断。

在客观混淆可能性限定理论下，对于商标的近似性判断可采以下规则。根据上文所述，商标近似是指涉嫌侵权的商标和他人注册商标相比较，文字商标的字形、读音、含义近似，或图形商标的构图、着色、视觉近似，或文字和图形组合商标的整体排列组合方式和整体视觉近似，或立体商标的三维标志的形状和整体视觉近似，或颜色组合商标的颜色或者组合近似，或者处于商品特定位置，图形、颜色、立体形状或者以上诸要素的构建近似或声音商标的听觉感知近似等。因此，对于商标近似的判断应坚持客观标准，从商标的外观、读音、含义三个要素进行综合考虑，并厘清三者之间的关系。可以于《商标民事纠纷解释》第十条第（一）、（二）项后增设新事项，在确定商标近似性判断前提的基础上，对外观、读音、含义的具体判断及三者之间的关系做出规定。

如上文所述，由于视觉是人最强大的感官，接收的外界信息最多，因此商标的外观应是判断商标近似三要素中最重要的要素。由于我国现行《商标审查标准》已经对商标近似于外观要素上的具体判断方法做出了比较明确的规定，故可对现行《商标民事纠纷解释》第十条做如下调整：首先，将本条第（三）项"判断商标是否近似，应当考虑请求保护注册商标的显著性和知名度。"修订为"商标外观近似是商标近似性判断的关键要素，判断商标外观是否近似应当在权利人的注册商标与涉嫌侵权商标之间进行比较，《商标审查标准》可以作为判断外观近似的参考。"以突出对商标近似判断坚持客观标准的要求。其次，可于本条增设第（四）项，对读音要素的判断做出规定，即商标读音应作为商标相似性判断的一个辅助因素，只有在由商品的购买方式使消费者听觉成为消费者获得商标信息的优势感官时，读音因素可转变为核心因素。最后，于该条第（五）项对含义要素进行规定，即对商标含义应以相关公众普遍接受的含义为依据、以含义等效性为原则进行判断。

对于商品类似性的判断。根据上文所述，类似商品是指在功能、用途、主要原料、生产部门、消费对象、销售渠道等方面具有一定共同性的商品。《商标民事纠纷解释》确立了类似商品判断的一般原则，在保留该原则的前提下，可以对类似商品的具体判断，以及类似商品判断时应当考虑的因素进行具体规定。即在该条下增设第二款规定，商品类似性的判定应从相关公众的一般认识出发对商品的用途和功能、消费群体、商品的销售渠道与消费场所因素进行综合判断。

如上文所述，当商标及其所使用商品满足客观相似性的要求后，即进入对混淆可能性的判断。现行《商标法》及《商标民事纠纷解释》中均未明确混淆可能性的判断因素，可借鉴《商标侵权判断标准》第二十一条中有关混淆可能性的参考因素规定，在《商标法》中增设混淆可能性判断因素条款。由于客观相似性标准下，商标的近似性和商品的类似性是作为前提进行判断的，因此在混淆可能性的判断中，《商标侵权判断标准》中，商标的近似情况和商品或者服务类似的规定应排除在混淆可能性判断的规定之外。即判断是否容易导致混淆，应当考虑以下因素及相关因素的影响：①相关公众的范围及其注意力水平，②商标的实际混淆情况，③注册商标的显著性和知名度，④其他因素。

对于相关公众的判断，基于商标案件的多样化，特殊市场具有封闭性等原因，不同案件中相关公众的范围并不一样，不能将所交易链条及和交易链条相关的所有人都纳入其中。因此笔者提出了对于"相关公众"范围的确定应从横纵两个维度进行把握。首先，应在商品交易链条中确定最终消费者所处的位置，将未依据商标识别功能获得商品的消费者排除在外。其次，对于"相关公众"不仅仅局限于商品的购买者，凡处于商品交易链条之上的消费者或与该链条密切相关的经营者，因混淆的发生产生错误认识并因此做出错误决策者均可纳入其中。基于此，可以将《商标民事纠纷解释》中相关公众的含义界定为，因混淆的发生产生错误认识而做出购物决策的，处于商品交易链条之上的消费者或与该链条密切相关的经营者。同时应当增设影响相关公众注意力水平时应当考虑的因素，即卷入程度和相关公众的自身条件。风险等级和性质影响消费者的卷入程度，性别、年龄、受教育程度、职业、收入、购物经验等应作为自身条件的判断因素。将卷入程度和自身条件进行综合考虑，评估出个案中相关公众的注意力水平的高低。

对于商标性使用，应从商标功能角度对商标性使用进行重新界定。可以将《商标法》第48条商标使用的含义重新界定为商标使用是标示商品（服务）来源的商业性使用，是商标功能实现的前提，能够使相关公众识别商品（服务）来源或对市场主体进行区分。同时可以在《商标民事纠纷解释》中对商标性使用的条件做出规定，即商标性使用应具备两个条件，第一，商标应由权利人为商业目的将商标主动使用于其已核定使用注册的商品上，第二，商标应为合法性使用。但是对于仅仅是因违反行政法规对特定民事主体利益造成损害或者是仅破坏行政管理秩序的行为，仍应认定为商标使用。同时可以以列举的方式将不属于商标性使用的行为列于其后。即以下未能起到识别作用的使用行为不属于商标性使用。具体包括：①仅将商品在内部进行使用或者仅仅于宣传活动中使用商标的行为，②被动使用不能认定为商标使用，③重新包装、修理服务、修理过产品在内的仅为达到说明目的的附带使用行为不构成商标使用，④商标的描述性使用，⑤未在核准注册的商品上使用注册商标的行为，⑥其他未使商标识别功能得以发挥的使用行为。

对于显著性和知名度，可以在《商标民事纠纷解释》中增加显著性含义并明确显著性和知名度与混淆可能性的关系。显著性，即能够起到区别作用的特性的强弱，包括商标标识的独创性和商标与使用商品（服务）的关联性，独创性越高，关联性越弱，显著性越强。显著性分为固有显著性和获得显著性，商标经过使用所具备的获得显著性应在显著性判断中处于主导地位。显著性越强的商标其获得保护的范围越大，商标的显著性越强其知名度也越高，商标知名度的大小可以通过调查问卷的方式进行量化。同时，实际混淆是混淆可能性判定的一个因素，也是非决定性因素。对于实际混淆可以通过直接证据和间接证据的方式予以证明，只有能够证明是基于商标近似性导致消费者做出误购行为的证据才能作为证明实际混淆的直接证据。对于以调查报告形式证明存在实际混淆的间接证据，则需要对其调查总体、抽样方式、实施调查行为的主体、调查问题的设置及调查数据的分析进行全面考虑后，在确实能够反映实际混淆的条件下，可以将其作为判断构成实际混淆的证据，与其他证据结合后共同证明实际混淆的存在。

结　语

商标侵权判定的混淆可能性标准既是商标法领域的重要理论问题，也是争议较多的实践问题。由于混淆可能性理论本身的模糊性与不确定性，导致了司法实践的不可预测性。因此，对于这一问题的研究受到了国内外学者的广泛关注。笔者认为，对于混淆可能性理论的研究应着眼于商标本身，由于商标形成、商标功能与混淆发生具有密不可分的关系，导致混淆可能性应当成为商标侵权的判断标准。

消费者行为学是普通心理学与工业心理学结合的科学理论，较之认知心理学，它不局限于对人的内在认知过程的研究，而是着眼于对消费者实施购买行为的全过程。既包括购物决策做出前内心状态的研究，也包括对购物决策后的心理体验，以及外部环境包括环境、社群、文化等因素对于消费者心理的影响。消费者行为学理论能够为明确混淆可能性作为商标侵权标准的理论基础，混淆可能性含义和范围、相似性与混淆可能性的关系，以及司法实践中混淆可能性的具体判断提供交叉学科的理论支持。

根据消费者行为学理论，当消费者受到的外来刺激与先前储存在消费者记忆中的标记或者相关商标信息相似时，该外来刺激便可以将记忆中的信息激活，并经连线扩散至记忆网络中的相关节点，从而使消费者依据先前经验做出相同的购物决策，商标的识别功能由此得以发挥。侵权人通过侵权行为的实施，使消费者在购物时将侵权商标与记忆中已经形成的商标权人的商标发生混淆，从而将记忆网络中已经形成的记忆网络错误地匹配于侵权商标之下，进而造成识别上的错误即混淆。所以商标侵权的本质是对商标基本功能的破坏。因此笔者认为，应将混淆可能性定义为：未经许可，在相同或者近似商品上使用与权利人相同或者近似的商标，致使施加合理谨慎注意力的相关公众仍极有可能对商品的来源产生混淆，或者极可能误认为两商品的控制者之间存在赞助、许可等关联关系，并依此做出错误的购物决策。随着商标权范围的不断扩张，初始兴趣混淆、售后混淆、反向混淆等新的混淆形态有被纳入混淆可能性范围的趋势。笔者认为，上述混淆类型可以纳入混淆可能性的范围之内，但为防止商标权人权利范围的恣意扩大，应对上述混淆的适用设置限制条件。

在符号学能指优于所指、消费者行为学中消费者获取外来刺激的机能客观化及外来刺激本身的客观化，以及避免混淆可能性判断循环论证等理论的支持下，笔者认为，相似性判断应在混淆可能性的判断中处于客观独立的地位，相似性应作为混淆可能性判断的前提条件，即提出了客观混淆可能性限定理论。在该理论下，对于相似性即商标近似和商品类似的判断应坚持独立性和客观性，不应将混淆可能性的判断因素混入相似性的判断。

商标是否发生混淆的主体应当是相关观众，对于混淆可能性主体判定标准的不同直接影响混淆可能性的具体判断。根据消费者行为学理论，笔者认为，凡处于商品交易链条之上的消费者或与该链条密切相关的经营者，因混淆的发生产生错误认识并因此做出决策者均可纳入相关公众的范围。基于商标本质功能的要求，将仅简单地与消费者进行接触而未发挥识别作用的其他消费者排除在相关公众之外。同时，商标识别功能的发挥依靠对商标的使用。因此，商标使用应当成为判断商标侵权的前置条件，也就是说，非商标性使用不构成商标侵权。对于商标混淆可能性的判断应通过多因素测试进行综合判断，包括显著性、知名度、实际混淆等因素，这些因素在混淆可能性的判断中均处于平等地位。同时对于混淆可能性判断的要素清单并非封闭化的，可以在个案中进行补充和调整。

本书对混淆可能性作为商标侵权标准的理论基础、混淆可能性的概念和范围、相似性和混淆可能性的关系及混淆可能性的具体判断等问题做出了回应。但混淆可能性这一兼具理论和实践性的问题，其复杂性绝非一般。本书对于混淆可能性的研究有望进一步深入，特别是在混淆可能性与商标淡化的关系问题，以及判断混淆可能性因素的全面性问题上需要进行更为系统和深入的研究。希望获得学界前辈的指导，促进成果的进一步深化。